신약

6

유치부 교사용

다시 오실 그리스도

The Gospel Project for Preschool

가스펠 프로젝트

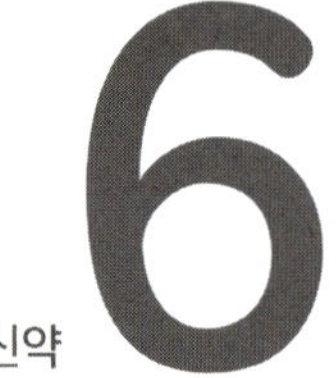

신약 **6**

다시 오실 그리스도

유치부 교사용

지은이 · LifeWay Kids / 옮긴이 · 권혜신 / 감수 · 김병훈, 류호성, 정희영

초판 발행 · 2019. 8. 19 / 등록번호 · 제1988-000080호
등록된 곳 · 서울특별시 용산구 서빙고로65길 38 / 발행처 · 사단법인 두란노서원
영업부 · 02) 2078-3352, 3452, 3752, 3781 / FAX 080-749-3705
편집부 · 02) 2078-3437
표지 디자인 · 땅콩프레스 / 활동 연구 · 고은님·박청아·유은정·진명선·홍선아

책값은 뒤표지에 있습니다.
ISBN 978-89-531-3532-1 04230 / 978-89-531-3151-4(세트)

홈페이지 · gospelproject.co.kr **두란노몰** · mall.duranno.com

두란노서원은 바울 사도가 3차 전도 여행 때 에베소에서 성령 받은 제자들을 따로 세워 하나님의 말씀으로 양육하던 장소입니다. 사도행전 19장 8-20절의 정신에 따라 첫째 목회자를 돕는 사역과 평신도를 훈련시키는 사역, 둘째 세계선교™와 문서선교^{단행본·잡지 사역}, 셋째 예수문화 및 경배와 찬양 사역, 그리고 가정·상담 사역 등을 감당하고 있습니다. 1980년 12월 22일에 창립된 두란노서원은 주님 오실 때까지 이 사역들을 계속할 것입니다.

1단원 하나님의 계획

차례

2단원 소망을 주시는 하나님

3단원 만물을 새롭게 하시는 하나님

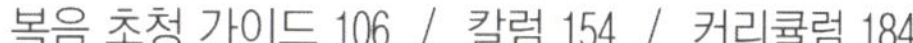

# 이렇게 활용해 보세요!

단원 개요  **1**

'가스펠 프로젝트(하나님의 구원 계획)'의 연대기적 큰 흐름 속에서 각 단원과 각 과의 주제를 살펴봅니다.

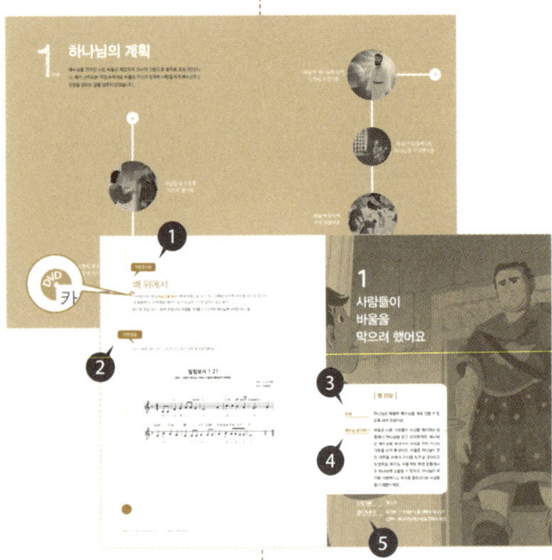

1 **카운트다운 :** 단원별로 제공되는 3분 카운트다운 영상으로, 장소를 옮기거나 시간을 구분 짓는 방법으로 활용할 수 있습니다.

2 **단원 암송 :** 단원의 핵심 메시지가 담긴 성경 구절입니다. 연령에 맞게 적절한 길이로 암기할 수 있도록 주요 어휘에 밑줄 표시를 해 두었습니다.

3 **주제 :** 각 과의 핵심 줄거리를 파악할 수 있습니다.

4 **예수님 생각하기 :** 성경 이야기에 담긴 복음을 발견하게 합니다. 모든 성경 이야기는 그리스도와 연결됩니다.

5 **성경의 초점 :** 본문과 관련된 성경의 중심 주제를 문답 형식으로 정리한 문장입니다. 단원별로 제시된 성경의 초점을 익히며 성경의 흐름을 이해하게 합니다.

> *지도자용 팩의 PC 전용 DVD-Rom에 영상, 그림, 음원, 악보, PPT 등의 자료가 있습니다.

말씀 묵상 **2**

말씀을 묵상하며 교육 목표를 확인하고, 기도로 준비합니다.

1 **본문 속으로 :** 각 과를 준비하며 묵상할 내용과 티칭 포인트를 제시합니다. 청장년용 《가스펠 프로젝트》로 교사 소그룹 모임에서 더 깊은 묵상을 나누며 성경 읽기를 병행할 것을 권유합니다. 부모 소그룹 모임은 교회와 가정을 연계해 교육 효과를 더욱 높여 줄 것입니다.

2 **QR 코드 :** 가스펠 프로젝트 홈페이지(gospelprojet.co.kr)에서 각 과별 교사 지도 가이드 동영상을 무료로 이용할 수 있습니다.

3 **이야기 성경 :** '가스펠 설교'에서 사용하는 구어체 설교입니다. 같은 내용의 영상이 지도자용 팩에 있습니다.

가스펠 준비 ③ 사전 활동을 살펴봅니다.

1 **싱글벙글 환영해요 :** 아이들을 맞이할 때 염두에 두어야 할 정보를 담았습니다.

2 **너랑 나랑 마음 열기 :** 각 과의 주제와 연결된 간단한 게임 활동을 소개합니다.

가스펠 설교 ④ 들어가기 – 성경 이야기 – 메시지와 정리 – 성경의 초점 – 복음 초청 – 기도 – 암송송에 이르는 설교 가이드입니다.

1 **들어가기 :** 도입 아이디어를 소개합니다.

2 **메시지와 정리 :** 각 과의 성경 이야기를 정리하고 연대표를 이용해 '가스펠 프로젝트(하나님의 구원 계획)'의 큰 흐름 속에서 각 과의 위치를 파악해 봅니다.

3 **복음 초청 :** 매주 복음을 전하고 영접 기도로 이끌 수 있는 초청 대화를 담았습니다. 지도자용 팩과 가스펠 프로젝트 홈페이지에서 영상을 활용할 수 있습니다.

4 **암송송 :** 단원의 핵심 메시지가 담긴 성경 구절을 쉽게 익힐 수 있도록 찬양과 손유희를 소개합니다.

가스펠 소그룹 ⑤ 말씀 놀이 – 간식 – 마무리 순서로 진행되는 소그룹 가이드입니다.

1 **알콩달콩 말씀 놀이 :** 성경 이야기에서 배운 내용들을 되새기며 즐겁게 놀이할 수 있는 다양한 활동을 소개합니다. 각 과의 첫 번째 활동에는 유치부 교재를 풍성하게 활용할 수 있는 교수 방법이 담겨 있습니다.

2 **소곤소곤 꿀~꺽 간식 :** 각 과에 어울리는 간식과 효과적인 간식 지도 방법을 소개합니다.

3 **오순도순 마무리 :** 메시지 카드(가정 연계 자료)를 나눠 주고, 활동 자료를 파일에 정리한 후 기도로 마무리하는 안내입니다.

4 **나만의 기록장 :** 각 과를 정리하며 나 자신을 돌아보게 하는 활동입니다. 메시지 카드 뒷면 또는 별도의 수첩이나 스케치북을 활용해 신앙 성장의 기록을 모아 가기를 권장합니다.

발간사

이형기

두란노서원 원장

두란노서원을 통해 라이프웨이(LifeWay)의 《가스펠 프로젝트》 성경 공부 교재 시리즈를 발간할 수 있도록 인도하신 하나님께 감사드립니다. 험한 소리로 가득한 세상에 이 책을 다릿돌처럼 놓습니다. 우리 삶은 말씀을 만난 소리로 풍성해져야 합니다. 주님을 만난 기쁨의 소리, 진실 앞에서 탄식하는 소리, 죄를 씻는 울음소리, 소망을 품은 기도 소리로 가득해야 합니다.

《가스펠 프로젝트》는 신구약을 관통하는 예수 그리스도의 복음을 발견하고, 그 가르침을 삶에 적용하는 지혜를 얻도록 기획한 성경 공부 교재입니다. 어린아이부터 어른에 이르기까지 생애주기에 따른 복음 메시지를 잘 배울 수 있습니다. 또한, 거짓 진리가 미혹하는 이 시대에 건강한 신학과 바른 교리로 말씀을 조명하여 성도의 신앙이 좌로나 우로나 치우치지 않도록 돕습니다.

두란노서원은 지금까지 "오직 성경, 복음 중심, 초교파적 관점"을 바탕으로 한국 교회와 성도를 꾸준히 섬겨 왔습니다. 오직 성경의 정신에 입각해 책과 잡지를 출판해 왔으며, 성경에 근거한 복음 중심의 신학을 포기한 적이 없습니다. 그리고 교단과 교파를 초월하여 교회와 성도가 하나님 나라를 바라볼 수 있도록 돕기 위해 노력해 왔습니다. 《가스펠 프로젝트》는 두란노가 지켜 온 세 가지 가치를 충실하게 담은 책입니다.

성경은 구원을 위한 책이며, 구원사의 주인공은 예수 그리스도입니다. 창세기부터 요한계시록까지 오직 예수 그리스도의 복음만을 전하는 《가스펠 프로젝트》 성경 공부 교재를 통해 복음의 은혜와 진리를 깊이 경험하고, 복음 중심의 삶이 마음 판에 새겨지기를 바랍니다. 그리고 예수 그리스도 복음에 굳게 선 한 사람의 영향력이 가정과 교회와 사회에 흘러감으로써 거룩한 하나님 나라가 확산되어 가기를 소망합니다.

감수사

김병훈

합동신학대학원대학교
조직신학 교수

두란노가 출간하는 《가스펠 프로젝트》는 무엇보다도 전통적으로 교회가 풀어 온 흐름을 충실히 따라 성경을 해설하고 있습니다. 그리고 그 방향은 궁극적으로 예수 그리스도를 향해 나아가고 있습니다. 이것은 예수님이 구약과 신약의 모든 성경이 자신을 가리키고 있다고 하신 말씀에 비추어 매우 타당한 것입니다. 게다가 그리스도 중심적 해설을 무리하게 전개하지 않습니다. 각 본문에서 하나님의 구원 언약과 그것을 실현하시는 하나님을 드러내면서, 그리스도의 예표적 설명이 가능한 사건을 놓치지 않고 풀어내고 있습니다.

성경 공부 교재는 명시적으로 혹은 암시적으로 제시하는 교리적 진술이 교리 체계상 건전해야 합니다. 《가스펠 프로젝트》는 99개 조에 이르는 핵심 교리를 일목요연하게 제시하여 교리의 건전성을 확인할 수 있도록 도움을 줍니다. 《가스펠 프로젝트》의 교리는 교파를 막론하고, 예수 그리스도의 복음에 충실한 복음주의 교회들에게 환영받을 만합니다. 물론 교파마다 약간의 이견을 갖는 부분들이 있을 수 있겠지만, 각 교회에서 교재를 활용하는 데에 무리가 없을 것입니다. 《가스펠 프로젝트》의 특징은 각 과에서 학습한 내용을 핵심 교리와 연결해 주며, 그 결과 그리스도의 복음에 관련한 교리적 이해를 강화시킨다는 데에 있습니다.

끝으로 《가스펠 프로젝트》는 어떤 성경 주해서나 교리 학습서가 갖지 못하는 훌륭한 장점을 가지고 있습니다. 그것은 학습자를 하나님과 그리스도의 복음 앞으로 이끌며, 자신의 신앙과 삶을 돌아보도록 하는 적용의 적실성과 훈련의 효과입니다. 아울러 본문과 관련한 교회사적으로 또 주석적으로 중요한 신학자와 목사의 어록을 제시하고, 심화 토론을 위한 질문을 달아 주고, 선교적 안목을 열어 주는 적용 질문들을 더해 준 것은 《가스펠 프로젝트》에서 얻을 수 있는 커다란 유익입니다.

추천할 만한 마땅한 성경 공부 교재를 찾기가 쉽지 않은 현실에서 《가스펠 프로젝트》는 성경을 개괄적으로 매주 한 과씩 3년의 기간 동안 일목요연하게, 그리고 그리스도 중심적으로 공부하도록 이끌어 준다는 점에서, 한국 교회의 기초를 성경 위에 놓는 일에 커다란 공헌을 할 것으로 믿어 의심치 않습니다.

류호성

서울장신대학교
신약학 교수

"내 백성이 지식이 없으므로 망하는도다 네가 지식을 버렸으니 나도 너를 버려 내 제사장이 되지 못하게 할 것이요 네가 네 하나님의 율법을 잊었으니 나도 네 자녀들을 잊어버리리라"(호 4:6). 이 예언대로, 하나님의 말씀에 귀 기울이지 않던 이스라엘 백성은 멸망했습니다(렘 29:15~20). 그러나 그 자체에 능력이 있는(눅 1:37) 하나님의 말씀이 임하는 곳이라면 죽은 뼈에 힘줄이 생기고 살이 오르는(겔 37:8) 회복의 역사가 임할 것입니다. 그분의 말씀은 살아 있고 활력이 있기에 예리하게 혼과 영과 및 관절과 골수를 찔러 쪼개기까지 하며 또 마음의 생각과 뜻을 판단할 것입니다(히 4:12). 하나님의 말씀이 왕성하게 흘러넘쳐 온 세상과 우주를 적실 때에 정의와 사랑(렘 9:24) 그리고 제자의 수가 많아지는 놀라운 부흥을(행 6:7) 경험할 것이고, 악한 세력이 모두 물러가며 새 하늘과 새 땅이 다가올 것입니다.

이를 위해 작은 등불의 역할을 할 《가스펠 프로젝트》는 첫째, 성경 전체를 '그리스도 중심'으로 바라본 것입니다. 오실 그리스도(구약)와 오신 그리스도 그리고 앞으로 다시 오실 그리스도(신약)의 관점에서 구약성경과 신약성경을 서로 연결했습니다. 그래서 구약성경을 단지 유대 민족의 역사서로 보는 편협함에서 벗어나, 그 속에 담긴 놀라운 하나님의 구원 역사를 보게 합니다. 둘째, 같은 본문으로 교회와 가정 그리고 전 연령층에서 그리스도의 사랑을 배우게 합니다. 이는 특히 가정에서 부모와 자녀가 서로 신앙적으로 소통할 기회를 제공하고 사랑과 정의를 실천하는 성숙한 그리스도인으로 성장하도록 이끌어 줍니다. 셋째, 신학적 주제와 기초 교리를 이해하기 쉽게 설명한 것입니다. 그래서 사이비 이단이 번져 가는 상황에서 매우 중요한 영적 분별력을 향상시키는 데 도움을 줍니다. 넷째, 배운 것을 복음의 씨앗을 뿌리는 선교와 연결하며 하나님이 주신 사명을 실천하도록 이끄는 것입니다. 이는 복음의 열정을 회복시켜 줍니다.

그러므로 모든 교단과 교파를 초월해서, 하나님의 섬세한 구원의 손길과 그리스도의 숭고한 십자가의 사랑 그리고 거룩함으로 인도하는 성령님의 인도하심을 배울 수 있을 것입니다. 그래서 《가스펠 프로젝트》를 통해 하나님의 말씀이 한반도에 흘러넘칠 뿐만 아니라, 복음의 열정을 품고 전 세계로 향하는 많은 전도자를 세워 갈 것입니다.

정희영

총신대학교 부총장,
유아교육과 교수

《가스펠 프로젝트》유치부 교재는 유아의 특성에 맞게 그림과 활동으로 구성되어 있으며, '이야기 나누기'를 통해 성경 이야기를 복습함으로써 성경에 대한 이해와 기억을 돕고 있습니다. 교사용 교재는 교사가 성경 이야기를 쉽게 설명할 수 있도록 '가스펠 준비', '가스펠 설교', '가스펠 소그룹'의 단계로 나누어 진행 방법을 소개하고 있습니다. 특별히 성경 이야기를 나누기 전에 '본문 속으로'를 통해 교사들이 아이들에게 가르쳐야 하는 성경의 내용을 이해하고 숙지하도록 중요한 부분을 설명해 주고, '티칭 포인트'에서 다시 한 번 핵심이 무엇인지 강조해 줍니다. 또한 홈페이지에서 '교사 지도 가이드' 영상을 제공하여 영상 세대 교사들이 쉽고 친근한 자료로 교사 교육의 시공간적 한계를 극복하도록 도움을 주고 있습니다. 이러한 교재의 구성은 유아의 발달 특징을 잘 고려한 것이며, 성경을 잘 모르는 교사들도 성경 이야기를 왜곡되지 않게 잘 이해해 아이들에게 효율적으로 나눌 수 있게 했다는 특징을 지닙니다. 이는 다른 성경 공부 교재들과 차별되는 특징으로서《가스펠 프로젝트》가 좋은 성경 공부 교재임을 보여 줍니다.

대부분의 유치부 성경 공부 교재가 성경의 사건을 이야기 중심으로 가르치는 반면,《가스펠 프로젝트》는 사건의 흐름에 맞추어 성경의 핵심 교리를 가르치되 유아의 발달 상황을 고려해 구성했습니다. 유아들에게 교리는 어렵다는 생각에서 탈피해 그들의 영성을 고려해 내용을 구성한 점은《가스펠 프로젝트》의 장점이라고 할 수 있습니다.

《가스펠 프로젝트》의 또 다른 장점은 '가스펠 설교'를 마무리할 때 예수 그리스도께 초점을 맞추고 있다는 점입니다. 구약은 오실 예수 그리스도에 대한 예표요, 신약은 오신 예수 그리스도에 대한 사건을 기록하고 있다는 점에서 예수 그리스도께서 성경의 주인이심을 잘 표현하고 있습니다.

현재 우리나라의 출산율은 OECD 국가 가운데 최하위를 차지하고 있으며, 교회의 주일학교는 반 이상이 줄어든 상황입니다. 이러한 위기 속에서 언약 백성으로 다음 세대를 잘 양육해야 할 책임이 있는 교회와 그리스도인 부모, 교사들에게《가스펠 프로젝트》는 이 시대에 부응하는 효율적이며 영향력 있는 좋은 성경 공부 교재가 될 것입니다.

✝ 《가스펠 프로젝트》는 한 영혼, 한 영혼을 향한 하나님의 멈추지 않는 사랑을 전하며, 아들을 내어 주신 아버지 하나님의 놀라운 구원 계획에 눈뜨게 하는 교재입니다. 성경을 꿰뚫는 변함없는 메시지, 예수 그리스도를 만날 수 있는 교재입니다. 유익한 활동과 흥미로운 반복 학습을 통해 기독교 핵심 주제를 접하고, 말씀을 가까이하며 가족과 묵상을 나누도록 이끄는 방식에 기대가 큽니다. 다양한 소재의 동영상과 그림 자료는 시청각 자료가 부족한 교육 현장에 큰 활력을 불어넣어 줄 것입니다. 교재 내용에 맞게 창작된 찬양은 곡조가 있는 산 기도를 체험하게 도와줄 것입니다. 무미건조한 습관적 예배, 아이들과 소통하지 못해 안타까워했던 부모와 교사, 다음 세대를 걱정하는 교회 지도자들에게 이 교재를 추천합니다.

김요셉 _ 중앙기독학교 교목, 원천침례교회 목사

✝ 우리 시대의 전 세계적 교회 부흥은 두 가지 샘을 갖고 있습니다. 한 샘은 오순절 부흥 운동의 샘입니다. 이 샘으로 많은 시대의 목마른 영혼들이 목마름을 해갈했습니다. 또 하나의 샘은 성경 연구의 샘입니다. 남침례교 주일학교 운동은 이 샘의 개척자입니다. 이 샘으로 지금도 많은 성도가 목마름을 해갈하고 있습니다. 미국 남침례교 라이프웨이 출판사는 이러한 사역을 충실히 감당해 왔습니다. 《가스펠 프로젝트》는 모든 필요를 공급하는 원천이 될 것입니다. 《가스펠 프로젝트》는 쉬우면서도 결코 피상적이지 않습니다. 믿음의 단계를 따라 하나님의 자녀들에게 꼭 필요한 복음의 진수를 맛보게 해 줄 것입니다.

이동원 _ 지구촌교회 원로 목사, 지구촌 미니스트리 네트워크 대표

✝ 《가스펠 프로젝트》는 예수 그리스도를 중심으로 성경을 배웁니다. 성경이 어떻게 그리스도와 연결되어 있는지, 또 성도의 삶이 하나님의 구원 계획에 어떻게 연결되어야 하는지 구체적으로 제시합니다. 특히 《가스펠 프로젝트》는 하나의 본문으로 각 연령에 맞게 구성한 교재를 제공하여 하나의 본문으로 전 세대를 연결하고, 가정과 교회를 하나 되게 합니다. 신앙의 전수가 중요한 시대에 성도와 교회와 가정이 한마음으로 다음 세대를 준비시키기에 적합합니다. 특히 가정에서 부모가 자녀와 말씀으로 대화를 나눌 수 있게 하여 자녀 신앙 교육에 도움이 될 것입니다.

이재훈 _ 온누리교회 담임 목사

✝　　　《가스펠 프로젝트》를 펼치는 순간 가슴이 뛰었습니다. 이 시대를 살아가는 모든 그리스도인에게 꼭 필요한 성경의 핵심적 내용을 쉬우면서도 흥미로운 설명으로 펼쳐 내면서 성경을 깊이 알아 가는 기쁨과 구체적인 적용을 돕고 있기 때문입니다. 무엇보다도 가장 뛰어난 점은, 성경의 중심이 되는 예수님을 충실하게 드러낸다는 점입니다. 그러므로 복음 프로젝트를 성실하게 따라가다 보면 예수님을 통해 완성하시는 하나님의 구원 역사 프로젝트가 드러날 것이고, 나아가 하나님 나라가 우리 삶에 한층 가까워질 것입니다. 이 시리즈를 통해 체계적인 '가정 제자 훈련'과 '성경 공부'를 정착시키는 가운데 한국 교회와 이민 교회에 거룩한 부흥의 불길이 일어나기를 기대합니다.

류응렬 _ 와싱톤중앙장로교회 담임 목사, 고든콘웰신학대학원 객원 교수

✝　　　《가스펠 프로젝트》유치부 교재는 유아에게 성경을 좀 더 효과적으로 가르칠 수 있도록 돕는 교재입니다. 성경 전체에서 끊임없이 말하고 있는 '예수 그리스도'를 유아기에 꼭 맞는 교수 방법으로 소개해 유아에게 예수님과의 행복한 만남을 선물할 것입니다. 또한《가스펠 프로젝트》는 가정과의 연계 교육이 매우 중요한 유아기에 부모와 긴밀하게 상호 작용할 수 있도록 구성되어 있습니다. 전 연령에 맞는 교재가 구비되어 있기 때문에 모든 가족, 더 나아가 모든 교회의 구성원이 같은 말씀으로 대화를 나눌 수 있습니다. 이 교재를 통해 다음 세대가 인생에 꼭 필요한 '예수 그리스도의 복음'의 토대 위에서 은혜 안에 자라 가기를 바랍니다.

이영희 _ 카도쉬비전센터 이스라엘교육연구원 대표,《토라 태교》저자

✝　　　두란노서원은 오랫동안 어린이용 성경 큐티 자료집의 발간을 통해 어린이들이 가정에서 부모와 함께 성경을 읽고 묵상할 수 있는 주요한 사역을 감당해 왔습니다. 이제 두란노서원의《가스펠 프로젝트》의 발간으로 아이들이 교회에서는 교회학교 교사와, 가정에서는 부모와 성경을 공부해 복음적 삶의 변화를 가져올 수 있게 됨을 축하합니다.《가스펠 프로젝트》는 교회학교 교사가 아이들에게 말씀을 효과적으로 가르칠 수 있는 교수 매체로서, 아이들과 함께 다양한 놀이 및 활동을 할 수 있도록 안내합니다. 유치부가 사용할 교재의 삽화는 성경의 주요 본문에 가까워 성경의 본문 내용을 이해하도록 하는 데 도움을 줍니다. 또한 활동 자료는 아이들의 발달 수준에 적절합니다.《가스펠 프로젝트》를 사용하는 교회학교 교사, 부모, 아이들이 예수 그리스도를 배우고 본받아 하나님이 주신 사명을 실천할 수 있기를 바랍니다.

장화선 _ 안양대학교 기독교교육과 교수

1 _{단원}

하나님의 계획

예수님을 전하던 사도 바울은 체포되어 죄수의 신분으로 로마로 호송되었습니다. 배가 난파되는 역경 속에서도 바울은 자신과 함께한 사람들에게 예수님의 소중함을 알리는 일을 멈추지 않았습니다.

사람들이
바울을
막으려 했어요

바울이
통치자들
앞에 섰어요

바울이
예수님에 관해
일깨워 주었어요

바울이 감옥에서도
하나님을 찬양했어요

바울이 로마에
가게 되었어요

배 위에서

카운트다운 영상(**지도자용 팩**)은 예배 대형으로 모이거나 대형을 바꾸며 준비할 시간을 알리는 데 활용한다. 익숙해질 때까지 중간에 남은 시간을 알리는 것도 좋다.

예)"1분 전입니다", "30초 전입니다. 마음을 가다듬고 기도하며 하나님께 나아갑시다" 등.

이는 내게 사는 것이 그리스도니 죽는 것도 유익함이라(빌 1:21).

빌립보서 1:21

원곡 : 사랑의 하나님 귀하신 이름은(새찬송가 566장)

작곡 : J. S. 바흐
편곡 : 김효정

1 사람들이 바울을 막으려 했어요

주제	하나님은 바울이 예수님을 계속 전할 수 있도록 지켜 주셨어요.
예수님 생각하기	바울은 다른 사람들이 자신을 해치려는 상황에서 하나님을 믿고 의지했어요. 하나님은 예수님을 보내셔서 세상을 위한 자신의 사랑을 보여 주셨어요. 바울은 하나님이 모든 어려움 속에서 자신을 도우실 것이라고 믿었어요.우리도 바울처럼 어떤 상황에서도 하나님을 믿고 의지해야 해요. 하나님이 우리를 사랑하시고 우리를 돌보신다는 사실을 알기 때문이에요.
단원 암송	빌 1:21
성경의 초점	우리는 언제 예수님을 전해야 하나요? 언제나 어디서나 예수님을 전해야 해요.

바울의 제3차 전도 여행이 끝날 무렵, 아가보라는 선지자가 유대인들이 예루살렘에서 바울을 잡아 이방인에게 넘겨줄 것이라고 예언했습니다(행 21:10~11 참조). 그러나 바울은 주저하지 않았습니다. 그는 예루살렘으로 돌아갔고, 율법과 반대되는 것을 가르친다는 명목으로 자신을 죽이고 싶어 하는 유대인 무리에게 붙잡혔습니다.

근처에 있던 로마 군인들이 소란을 발견하고는 바울을 데려가 그들의 영내에 있는 감옥에 가두었습니다. 이제 바울은 이방인들의 손에 넘어갔습니다. 바울이 로마 군인의 보호를 받으며 막사에 머무는 동안 주님이 말씀하셨습니다. "담대하라 네가 예루살렘에서 나의 일을 증언한 것같이 로마에서도 증언하여야 하리라"(행 23:11).

이 말씀이 얼마나 큰 위로가 되었을까요! 만군의 주님이 "너는 로마에 갈 것이다"라고 바울의 앞날에 대해 말씀해 주신 것입니다. 바울은 자기가 어떤 방법으로 로마에 가게 될지 정확히 알지 못했습니다. 하지만 하나님이 모든 것을 합력하여 반드시 그 목적을 이루실 것이라고 믿었습니다.

다음 날 아침, 바울의 조카가 바울을 죽이려는 유대인들의 음모를 알아채고 로마 군대의 천부장에게 그 사실을 알렸습니다. 천부장은 바울의 안전을 보장하기 위해 그를 가이사랴에 데려가도록 조치를 취했습니다.

이 이야기에서 우리는 하나님이 사람을 통해 하나님의 목적을 이루시는 모습을 볼 수 있습니다. 바울은 사람들에게 생명의 위협을 받는 상황에서도 하나님의 신실하심을 믿고 의지했습니다. 그는 예수님을 이 땅에 보내 십자가에서 죽고 다시 살아나게 하심으로 세상을 향한 자신의 사랑을 보여 주신 하나님이 모든 역경 속에서 자신을 도우실 것을 믿었습니다.

●● 티칭 포인트

우리도 담대하게 복음을 전하는 일에 모든 것을 걸 수 있습니다. 하나님이 우리를 사랑하고 돌보신다는 사실을 알기 때문입니다. 하나님은 우리가 순종과 신뢰함으로 하나님의 계획에 동참하기를 바라십니다. 우리를 통해 하나님의 영광을 드러냄으로써 하나님의 이름을 영화롭게 하려는 하나님의 위대한 계획 말입니다.

사람들이 바울을 막으려 했어요

행 23장

바울은 예루살렘에 있었어요. 성도들은 바울을 만나 기뻤어요. 그러나 몇몇 유대인들은 바울을 싫어했어요. 어느 날 바울이 성전에 갔는데, 수많은 유대인이 몰려와 그를 해치려고 밖으로 끌고 나갔어요. 바로 그때 로마 군대의 ★천부장이 와서 사람들을 막았어요.

천부장은 바울을 체포해 유대인 지도자들의 회의에 데려갔어요. 누가 율법을 어겼는지를 판단하고 어떤 벌을 내릴지 결정하기 위해서요. 바울은 지도자들 앞에 서서 말했어요. "형제 여러분, 저는 지금까지 하나님이 바라시는 일만 했습니다. 저는 어떤 잘못도 저지르지 않았습니다." 바울은 자신이 붙잡힌 이유는 예수님이 죽은 자 가운데서 살아나셨다고 가르쳤기 때문이라고 말했어요. 그러자 지도자들이 말다툼을 하기 시작했어요. 어떤 사람들은 바울이 옳은 일을 한다고 생각했고, 어떤 사람들은 바울이 틀렸다고 생각했지요.

로마 군인들은 바울이 다칠까 봐 안전하도록 그를 다시 데려갔어요. 그날 밤, 주님이 바울에게 오셔서 말씀하셨어요. "용기를 가져라! 너는 예루살렘에서 나를 전한 것처럼 로마에 가서도 나를 전해야 한다."

그러나 다음 날 아침, 유대인들이 모여 바울을 죽이려는 궁리를 했어요. 그들은 유대인 지도자들을 찾아가 자신들의 계획을 말했어요. "바울에게 물어볼 것이 있다고 하십시오. 그러면 그가 이곳에 거의 도착할 때쯤 우리가 그를 해치겠습니다!"

그때 바울의 조카가 유대인들의 계획을 들었어요. 그는 급히 바울에게 가서 그 사실을 알렸어요. 바울은 조카에게 천부장에게 가서 이 일을 알리라고 말했어요. 천부장은 ★백부장 2명을 불러 병사들과 말을 많이 준비하라고 명령했어요. 그들은 바울을 태울 말도 준비했어요. 그날 밤 군인들은 로마의 총독이 있는 도시로 바울을 데려갔어요. 하나님은 바울을 돌보시고 그를 죽이려는 사람들로부터 보호하셨어요.

★천부장 : 로마 군대에서 1,000명으로 이루어진 부대의 우두머리.
★백부장 : 로마 군대에서 100명으로 이루어진 부대의 우두머리.

• **이야기 TIP** •

- **이야기 조약돌 사용하기** : 조약돌을 모은 후 유성 사인펜으로 성경 이야기에 나오는 인물들의 이름을 간단하게 조약돌에 쓰거나 상황 그림을 붙여 둔다(바울, 화난 유대인들, 천부장, 유대인 지도자들, 바울의 조카, 군인들, 말 등). 조약돌을 바구니에 담는다. '바울'이라고 적은 조약돌을 보여 주면서 이야기 성경을 시작한다. 차례로 돌을 들어 제시하며 이야기를 이어 간다.
- **모노드라마 보여 주기** : 교사 한 명에게 성경 시대 의상을 입히고, '바울의 조카'의 관점에서 모노드라마 형식으로 이야기 성경을 들려주게 한다.

바울은 다른 사람들이 자신을 해치려는 상황에서 하나님을 믿고 의지했어요. 하나님은 예수님을 보내셔서 세상을 위한 자신의 사랑을 보여 주셨어요. 바울은 하나님이 모든 어려움 속에서 자신을 도우실 것이라고 믿었어요. 우리도 바울처럼 어떤 상황에서도 하나님을 믿고 의지해야 해요. 하나님이 우리를 사랑하시고 우리를 돌보신다는 사실을 알기 때문이에요.

가스펠 준비

싱글벙글 ⎯⎯ 환영해요

"바울의 고백"(지도자용 팩)을 튼다. 아이들을 반갑게 맞이하며 헌금과 기도를 도와준다. 예배 중 헌금 순서가 있다면 아이들이 헌금을 잘 간수하도록 돕는다. 가방과 외투를 정리하도록 안내한다. 새로 온 아이가 있다면 음수대와 화장실의 위치를 알려 주고, 보호자와 만나는 시간과 방법 등을 소개한다. 보호자들을 위한 안내문을 붙여 아이와 만나는 시간, 기다리는 장소, 헌금 방법, 아이에 대한 특별한 주의 사항을 교사에게 미리 알려 달라는 당부 등을 공지한다.

너랑 나랑 ⎯⎯ 마음 열기

주제와 관련 있는 퍼즐이나 블록 등 아이들이 좋아하는 장난감을 몇 가지 비치해 두고 다양한 활동을 하며 예배를 준비하거나 예배 장소 및 친구들과 익숙해지도록 돕는다. 아이들이 마음을 열고 오늘의 주제에 관심을 갖게 하며 예배에 집중할 수 있도록 도와준다. 교회 형편에 맞게 시간과 활동 방법을 조절한다.

무엇이 필요할까요?

준비물 ▶ 유치부 교재 4쪽, 연필

이야기 나누기
- 안전하게 보호해 주는 물건들을 소개해 주세요.
- 보호 장구의 도움으로 위험한 상황에서 벗어난 경험을 이야기해 보세요.
- 어린 동생들의 안전을 위해 도와준 경험이 있다면 나누어 보세요.

❶ 오른쪽에 그려진 보호 장구들을 하나씩 살펴보면서 어떤 물건인지 이야기를 나눈다.

❷ 왼쪽 그림을 보고 안전하게 보호해 주는 물건을 찾아 선으로 연결해 보라고 한다.

> **인도자** 무릎 보호대, 팔꿈치 보호대, 헬멧은 스케이트보드를 타는 사람이 다치지 않게 지켜 주어요. 오븐 장갑은 뜨거운 오븐에 손이 데지 않게 지켜 주고요. 보안경은 실험 용액 때문에 눈이 다치는 것을 막아 주어요. 오늘의 성경 이야기에서 바울에게도 보호가 필요했어요. 누가 그를 보호해 주었을까요? 하나님이 보호해 주셨어요. 하나님이 바울을 어떻게 지키셨는지 오늘의 성경 이야기를 들어 보기로 해요.

지도자 회의를 열어 보아요

준비물 ▶ 책상, 의자, 컬러 박스 테이프

❶ 컬러 박스 테이프를 이용해 예배실 바닥에 직사각형 모양을 표시해 둔다.

❷ 아이들과 함께 ❶에 책상, 의자로 회의장을 꾸미고 심문하고 판결을 내리는 장면을 연출하게 한다.

> **인도자** 오늘의 성경 이야기에서 바울은 유대인 지도자 회의에서 자신이 한 일에 대해 설명을 했어요. 그런데 바울에게 새로운 위기가 닥쳤어요. 바울은 다른 사람들이 자신을 해치려는 상황에서 어떻게 행동했는지 오늘의 성경 이야기를 잘 들어 보세요.

예배 대형으로 모이기

- 카운트다운 영상, 모이기 노래 등을 활용해 예배 대형으로 바꾸고 마음을 준비하게 한다.
- 공간을 이동해야 한다면 군인처럼 씩씩하게 행진하며 가도록 한다.

가스펠 설교

하나 ― 들어가기

우리를 보호해 주는 물건들을 찍은 사진 자료를 보여 준다. 우리에게 닥칠 수 있는 위험에 대해 알아보고, 각각의 물건이 우리를 어떻게 보호해 주는지 이야기해 본다.

이 물건들은 우리를 위험에서 지켜 주어요. 바울은 예수님을 전하다가 위험에 빠졌어요. **하나님은 바울이 예수님을 계속 전할 수 있도록 지켜 주셨어요.**

둘 ― 성경 이야기

사도행전 23장을 편다. 설교 영상(지도자용 팩)을 보여 주거나 이야기 성경을 들려준다.

성경은 매우 특별한 책이에요. 성경에는 하나님이 우리가 알기를 바라시는 모든 것이 들어 있어요. 오늘의 성경 이야기는 신약성경 중에서 '사도행전'에 나와요.

셋 ― 메시지와 정리

하나님은 바울이 예수님을 계속 전할 수 있도록 지켜 주셨어요. 바울은 하나님을 믿고 의지했어요. 바울은 '하나님이 세상을 너무나 사랑하셔서 하나님의 아들, 예수님을 보내 주셨다'는 사실을 사람들이 알기를 하나님이 바라신다는 것을 알았어요.

'가스펠 프로젝트_하나님의 구원 계획' 영상(지도자용 팩)을 보여 주고 오늘의 성경 이야기도 하나님의 거대한 구원 계획의 한 부분에 속하는 이야기임을 상기시킨다. 연대표(지도자용 팩)를 가리키면서 복습 질문을 한다.

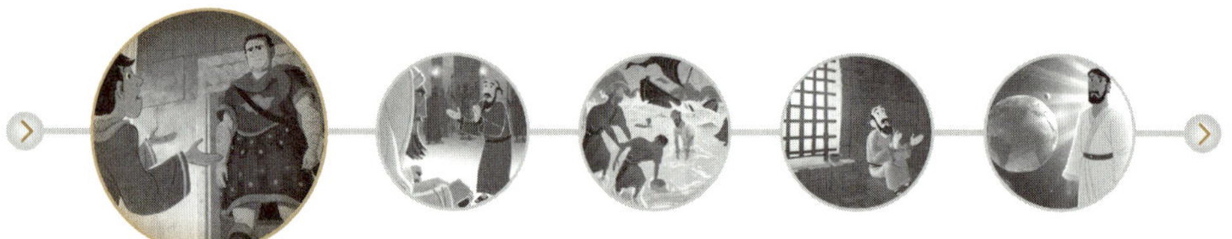

1. 어떤 유대인들이 바울을 싫어한 이유는 무엇인가요? 바울이 예수님을 전했기 때문에
2. 사람들이 바울을 해치려고 했을 때 누가 바울을 잡아가서 보호했나요? 로마 군대의 천부장
3. 주님은 바울의 꿈에 나타나 무엇이라고 말씀하셨나요? "용기를 가져라! 너는 예루살렘에서 나를 전한 것처럼 로마에 가서도 나를 전해야 한다"
4. 유대인들이 바울을 해치려는 궁리를 했을 때 누가 그에게 위험을 알려 주었나요? 바울의 조카
5. 군인들은 바울을 어떻게 다른 도시로 데리고 나갔나요? 말을 태워서 데려갔다

넷 — 성경의 초점

바울은 모든 사람에게 예수님을 전하는 일이 얼마나 중요한지 알았어요. 1단원 '성경의 초점' 질문과 답을 알려 줄게요. **"우리는 언제 예수님을 전해야 하나요?"**, **"언제나 어디서나 예수님을 전해야 해요."** 우리도 바울처럼 다른 사람에게 예수님을 전할 수 있어요. 어떤 일이 있어도, 언제라도 말이에요. 하나님이 우리를 사랑하고 돌보신다는 사실을 알기 때문이지요.

다섯 — 복음 초청

아이들에게 '복음'이라는 말을 들어 본 적이 있는지 물어본다.

'복음'이라는 말을 들어 본 적이 있나요? 복음이란 '좋은 소식'이라는 뜻이에요. 우리에게 보내신 하나님의 좋은 소식이 무엇일까요?

성경과 106쪽 복음 초청 가이드를 이용해서 아이들에게 그리스도인이 되는 법을 설명해 준다. 따로 상담해 줄 사람을 정해 주고 궁금한 점이 있으면 물어보도록 격려한다.

이 시간 예수님을 믿고 마음에 모시고 싶은 친구는 함께 기도해요.

여섯 — 기도

우리에게 예수님을 보내 주신 하나님, 감사해요. 예수님을 믿는 사람들을 통해 구원이 다른 사람들에게 전해진다는 사실을 믿어요. 그래서 구원의 선물이신 예수님을 사랑하는 마음으로 더욱 용기 내어 예수님의 기쁜 소식인 복음을 전하며 살래요. 예수님의 이름으로 기도합니다. 아멘.

일곱 — 암송송

성경에서 빌립보서 1장 21절을 펴고 큰 소리로 여러 번 따라 읽게 한다.

바울은 화가 잔뜩 난 사람들이 자기를 해칠 수도 있다는 것을 알았어요. 하지만 죽는 것이 두렵지는 않았어요. 바울은 자신이 죽어도 예수님과 함께할 것을 알았거든요. 세상에 예수님 곁보다 좋은 곳은 없지요.

암송송(166쪽)에 맞추어 손유희를 하며 말씀을 익힌다.

"이는 내게 사는 것이 그리스도니 죽는 것도 유익함이라"(빌 1:21).

알콩달콩 💬 **말씀 놀이**

하나님이 지켜 주세요

준비물 ▶ 유치부 교재 5쪽, 31쪽 '비밀 그림 카드'

이야기 나누기

- 바울이 어려움을 만날 때마다 예수님을 계속 전할 수 있도록 누가 보호해 주셨나요?
- 하나님이 우리를 항상 지키고 보호해 주신다는 것을 믿나요? 어떻게 믿을 수 있나요?

❶ 유치부 교재 5쪽 그림을 살펴보고 유대인들이 바울을 해치려고 모의하는 상황에 대해 이야기를 나누어 본다. 바울은 자신을 해치려는 사람들을 보고 어떤 기분이 들었을지 아이들에게 물어본다.

❷ 유치부 교재 31쪽 '비밀 그림 카드'를 떼어 ❶ 위에 겹쳐 보고, 하나님의 보호하심에 대해 이야기를 나누어 본다.

❸ 하나님이 지켜 주신다는 것을 믿는 마음으로 선생님을 따라 "하나님은 바울이 예수님을 계속 전할 수 있도록 지켜 주셨어요!"라고 외치며 마무리한다.

> **인도자** 유대인들이 바울을 해칠 계획을 세웠지만 **하나님은 바울이 예수님을 계속 전할 수 있도록 지켜 주셨어요.** 하나님은 예수님을 보내셔서 세상을 위한 자신의 사랑을 보여 주셨어요. 바울은 하나님이 모든 어려움 속에서 자신을 도우실 것이라고 믿었어요. 우리도 바울처럼 어떤 상황에서도 하나님을 믿고 의지해야 해요. 하나님이 우리를 사랑하시고 돌보신다는 사실을 알기 때문이에요.

복음을 전하는 여행을 떠나요 ✲

준비물 ▶ 169쪽 '동물 주사위'(또는 지도자용 팩), 풀, 가위, 셀로판테이프

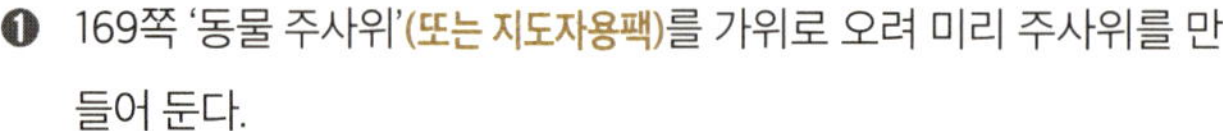

❶ 169쪽 '동물 주사위'(또는 지도자용팩)를 가위로 오려 미리 주사위를 만들어 둔다.

❷ 아이들과 함께 '동물 주사위' 도면에 그려진 동물들을 하나씩 살펴보고 그 동물들이 어떻게 움직이는지 이야기를 나누어 본다.

❸ 아이들과 함께 주사위를 던져서 나온 동물의 흉내를 내 본다.

❹ '말'(馬)이 나올 때마다 오늘의 성경 이야기에서 바울은 말을 타고 다른 도시로 갔다고 이야기해 준다.

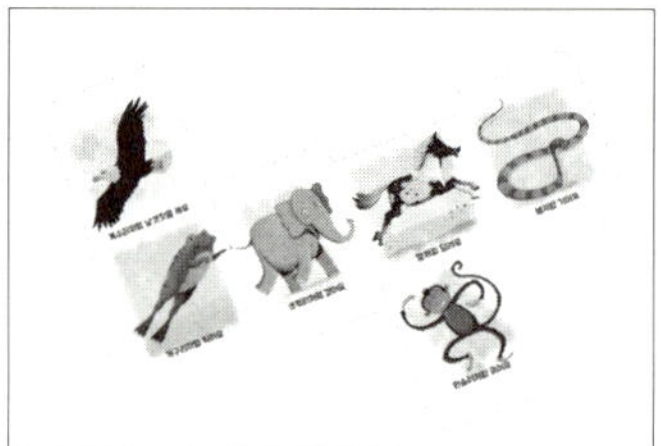

 천부장은 로마 군대에서 1,000명으로 이루어진 부대의 우두머리예요. 오늘의 성경 이야기에서 천부장은 군인들에게 밤이 되면 바울을 말에 태워 다른 도시로 데려가라고 했어요. **하나님은 바울이 예수님을 계속 전할 수 있도록 지켜 주셨어요.** 바울은 다른 사람들이 자신을 해치려는 상황에서 하나님을 믿고 의지했어요. 우리도 바울처럼 어떤 상황에서도 하나님을 믿고 의지해야 해요. 하나님이 우리를 사랑하시고 돌보신다는 사실을 알기 때문이에요.

막대 인형 놀이를 해요 *

❶ 171쪽 '1과 등장인물' 그림을 떼어 셀로판테이프를 이용해 나무 막대를 붙여 막대 인형을 만들어 둔다.

❷ '1과 등장인물'이 각각 누구인지 이야기를 나누어 본다.

❸ 오늘의 성경 이야기를 떠올리며 막대 인형으로 이야기를 꾸며 본다.
예) 1. 바울이 예수님을 전한다는 이유로 그를 싫어하는 유대인들이 많았어요.

   2. 천부장이 바울을 체포해서 공회에 데려갔어요. 바울은 당당하게 예수님에 대해 말했어요.

   3. 주님은 바울에게 로마에서 예수님을 전하게 될 것이라고 이야기해 주셨어요.

   4. 유대인들은 바울을 해치려는 일을 꾸몄어요.

   5. 바울의 조카를 통해 소식을 들은 천부장은 바울을 말에 태워 다른 도시로 보냈어요.

   6. 하나님은 바울을 돌보고 보호하셨어요.

 위험한 상황에서 보호받는 것은 정말 다행스러운 일이고, 보호해 준 사람에게 매우 감사한 일이에요. 유대인들이 바울을 해칠 계획을 세웠지만 **하나님은 바울이 예수님을 계속 전할 수 있도록 지켜 주셨어요.** 하나님은 예수님을 보내셔서 우리를 죄에서 구원해 주시는 것으로 세상을 위한 자신의 사랑을 보여 주셨어요. 그래서 우리는 하나님이 우리를 보호해 주실 것을 믿고 하나님을 의지할 수 있어요.

썬캡(모자)을 만들어요 *

❶ 종이 접시의 약 3분의 2만 남도록 반달 모양으로 오린다.

❷ 오린 부분의 한쪽 면을 스티커를 이용해 꾸미라고 한다.

❸ ❷의 양쪽 끝에 펀치로 구멍을 뚫고 고무줄을 끼워 아이들의 머리 크기에 각각 맞추어 묶어서 썬캡을 완성한다.

 강렬한 태양 빛을 오랫동안 직접 쪼이면 몸에 이상

이 생길 수도 있어요. 그래서 머리와 눈을 보호할 썬캡(모자)이나 선글라스를 쓰지요. 오늘의 성경 이야기에서 바울도 보호가 필요했어요. 어떤 유대인들이 바울이 예수님을 전한다는 이유로 화가 나서 바울을 해치려고 했거든요. 위험에 처한 바울을 누가 보호해 주었을까요? **하나님은 바울이 예수님을 계속 전할 수 있도록 지켜 주셨어요.**

바울을 지켜요 ✻

❶ 꾸미기 도구를 이용해 우유팩을 '바울 인형'으로 꾸며 준비해 둔다.

❷ 아이들을 서로 마주보고 둥글게 앉힌다.

❸ 한 아이를 술래로 정해 원 가운데 앉히고 눈을 감으라고 한다.

❹ 조용히 아이들 중 한 명에게 '바울 인형'을 전해 주면서 몸 뒤에 숨기라고 한다.

❺ 다 숨겼으면 술래에게 눈을 뜨고 누가 '바울 인형'을 숨겨서 지키고 있는지 맞혀 보라고 한다. 정답을 맞힐 기회를 3회 준다.

❻ ❹의 아이가 술래가 되어 활동을 반복한다.

인도자 하나님은 로마 군인들을 사용하셔서 바울을 안전하게 지켜 주셨어요. 바울은 하나님을 믿고 의지했으며, 어려운 상황에서도 하나님이 자신을 도우실 것이라고 믿었어요. **하나님은 바울이 예수님을 계속 전할 수 있도록 지켜 주셨어요.** 우리도 바울처럼 어떤 상황에서도 하나님께 순종할 수 있어요. 하나님이 우리를 사랑하시고 돌보신다는 사실을 알기 때문이에요.

듣기 탐험을 해요 ✻

❶ '듣기 탐험 카드'를 가위로 잘라 아이들에게 보여 주면서 오늘의 성경 이야기에 대해 이야기를 나눈다.

예) • 군인 : 바울을 싫어하는 유대인들이 바울을 해치려 했어요. 로마 군인들이 바울을 지켜 주었어요.

　　 • 바울의 조카 : 바울의 조카는 유대인들의 나쁜 계획을 들었어요.

　　 • 말 : 바울은 말을 타고 다른 도시로 갔어요.

❷ '듣기 탐험 카드'를 악기 소리와 연결해서 상황을 연상하도록 알려 준다.

예) • 군인 : 북 소리(행진하는 모습)

　　 • 바울의 조카 : 트라이앵글 소리(귀 기울여 듣는 모습)

　　 • 말 : 탬버린 소리(빠르게 달리는 모습)

❸ 아이들과 함께 말하지 않고 조용히 귀 기울이기로 약속하고, 악기 소리를 들려주면 해당하는 행동을 몸으로 표현해 보라고 한다.

❹ 여러 악기 소리를 번갈아 듣고 행동을 몸으로 표현할 수 있도록 지도한다.

> **인도자** 하나님은 유대인들이 바울을 해치려 할 때 로마 군인들을 이용해 지켜 주셨고, 바울의 조카에게 유대인들의 나쁜 계획을 들려주어 바울을 피하게 하셨고, 바울이 말을 타고 다른 도시로 갈 수 있도록 해 주셨어요. 하나님은 로마 군대의 천부장과 바울의 조카를 사용해 바울을 보호하셨어요. **하나님은 바울이 예수님을 계속 전할 수 있도록 지켜 주셨어요.**

성경을 전달해요 ✱

준비물 ▶ 성경, 책갈피, 찬양 음원, 음원을 재생할 수 있는 도구(CD플레이어, 스마트폰 등)

❶ 성경에서 사도행전 23장에 책갈피를 끼워 둔다.

❷ 아이들을 서로 마주보도록 둥글게 앉힌다.

❸ 찬양이 시작되면 성경을 옆 사람에게 전달하다가 찬양이 멈추면 성경을 전달하기를 멈추라고 한다. 이때 성경을 들고 있는 아이에게 책갈피가 끼워져 있는 사도행전 23장을 펼치고 오늘의 성경 이야기를 요약해서 발표하게 한다.

❹ 시간 여유가 있으면 활동을 여러 번 반복한다.

> **tip** 성경 이야기 발표를 힘들어할 경우 인도자가 적절한 질문으로 바꾸어 쉽게 대답할 수 있게 도와준다.
> 예) "오늘의 성경 이야기에는 유대인과 또 누가 나오나요?" 등.

> **인도자** 바울은 하나님을 믿고 의지했으며, 힘든 상황에서도 하나님이 자신을 도우실 것이라고 믿었어요. **하나님은 바울이 예수님을 계속 전할 수 있도록 지켜 주셨어요.**

소곤소곤 꿀~꺽 😊 간식

준비물 ▶ 동물 모양 크래커

❶ 카운트다운 영상, 정리하기 노래 등을 활용해 활동이 끝났음을 알린다. 아이들에게 주변을 정리하게 하고, 화장실에 가거나 물티슈 등을 이용해 손을 씻을 시간을 준다.

❷ 감사 기도를 드리고 동물 모양 크래커를 간식으로 나누어 준다. 간식을 먹으며, 말과 닮은 크래커가 있는지 찾아보라고 말한다. 군인들이 말을 끌고 와 바울을 태우고 다른 도시로 안전하게 대피시킨 이야기를 떠올려 준다. 하나님은 바울이 예수님을 계속 전할 수 있도록 지켜 주셨다고 말해 준다.

❸ 간식을 먹은 후 마무리 정리를 잘하도록 지도한다.

준비물 ▶ 유치부 교재 37쪽 메시지 카드, 펀치, 카드 고리, 소그룹 활동지, 파일

❶ 카드를 떼고 반으로 접은 뒤 펀치로 구멍을 뚫어 고리로 연결하게 한다.

가족과 활동해요

- 성경 시대의 지도를 보면서 예루살렘과 로마를 찾아보세요. 하나님이 바울에게 로마에 가게 될 것이라고 말씀하셨다고 아이들에게 말해 주세요.
- 하나님이 우리 가족을 어떻게 지키셨고, 지금도 어떻게 지키고 계시는지 아이들과 이야기를 나누어 보세요. 하나님이 우리 가족을 통해 어떻게 복음을 전하고 싶어 하실지에 대해서도 말해 보세요.

❷ 가방이나 지갑에 고리를 끼워 항상 휴대하면서 오늘 배운 성경 이야기를 수시로 기억하게 하고, 가족과도 함께 나눌 수 있도록 격려한다.

> **tip** 한 주에 한 장씩 나누어도 좋고, 13과 메시지 카드를 모두 떼어 신약 6권의 메시지 카드철을 만들어도 좋다.

❸ 카드 뒷면의 나만의 기록장을 펴고 주어진 과제 또는 오늘 새롭게 알게 된 내용이나 기억에 남는 성경 이야기, 하나님께 하고 싶은 말 등을 기록해 보도록 한다.

> **tip** 시간 여건에 맞게 교회나 가정에서 기록할 수 있도록 지도한다.

❹ 소그룹 활동지를 떼어 파일에 끼우고 가방에 정리하게 한다.

❺ 아이들의 기도 제목을 물어보고 기도로 마무리한다.

> **인도자** 하나님, 바울을 지켜 주셔서 계속해서 다른 사람들에게 예수님을 전하게 해 주셔서 감사해요. 우리도 예수님의 기쁜 소식을 듣고 하나님이 우리를 얼마나 사랑하는지 알게 되었어요. 온 세상 모든 사람에게 예수님의 기쁜 소식이 전해져 그들도 하나님의 사랑을 알게 되도록 도와주세요. 예수님의 이름으로 기도합니다, 아멘.

❻ 아이를 데리러 온 부모에게 아이가 특별히 즐거워했거나 잘했던 활동들에 대해 이야기해 주고, 가정에서 성경 읽기와 가족 활동을 진행할 수 있도록 격려한다.

나만의 기록장

예수님을 전하고 싶은 사람 그리기

2

바울이
통치자들
앞에 섰어요

(행 24:22~27, 25:1~14, 26:24~32)

주제 바울은 총독들과 왕 앞에서 예수님을 전했어요.

예수님 생각하기 하나님은 이방인들과 왕들과 이스라엘 백성에게 예수님을 전할 사람으로 바울을 선택하셨어요(행 9:15~16 참조). 사람들이 자신을 반대해도 바울은 멈추지 않았어요. 그는 모든 사람이 예수님이 주님이시라는 사실을 믿기를 바랐어요. 바울은 예수님께 사람들을 구원할 능력이 있다고 믿었어요. 그래서 복음을 전하기 위해서라면 무슨 일이든 하려고 했어요.

단원 암송 빌 1:21

성경의 초점 우리는 언제 예수님을 전해야 하나요?
언제나 어디서나 예수님을 전해야 해요.

바울은 로마 지배 아래 있던 유대의 수도 가이사랴에 구류되었습니다. 유대인 지도자들이 심각한 혐의로 바울을 고소했기 때문에 이제 그는 총독 벨릭스 앞에 서게 되었습니다. 벨릭스는 바울의 항변을 듣고 판결을 연기했습니다. 그리고 2년 동안 바울을 여러 차례 만났습니다. 유대인들의 심기를 건드리기 싫었던 벨릭스는 총독 재임 기간이 끝난 후에도 바울을 감옥에 내버려 두었습니다.

벨릭스의 뒤를 이어 베스도가 총독이 되었습니다. 유대인들은 예루살렘을 방문한 베스도에게 바울을 예루살렘으로 보내 달라고 요청했습니다. 길에 매복하고 있다가 바울이 지나가면 죽이려는 계획이었습니다. 하지만 베스도는 유대인들에게 가이사랴로 직접 가서 바울을 고소하라고 말했습니다. 바울의 변호를 들은 베스도는 바울에게 예루살렘으로 가서 심문을 받고 싶은지 물었습니다. 로마 시민으로서 자신의 권리를 알고 있던 바울은 로마 황제 가이사에게 가서 심문을 받겠다고 말했습니다.

며칠 뒤 아그립바왕이 베스도를 찾아와 바울의 이야기를 들었습니다. 그는 직접 바울의 변론을 들어 보고 싶었습니다. 구체적인 죄목 없이 바울을 황제에게 보내는 것이 적절하지 않다고 생각한 베스도는 이번 심문을 통해 바울을 고소할 분명한 증거를 찾을 수 있기를 기대했습니다. 바울의 말을 들은 베스도는 그가 미쳤다고 말했습니다. 그리고 아그립바왕은 가이사에게 상소하지 않았다면 바울이 풀려날 수 있었을 것이라고 결론을 내렸습니다.

이런 과정을 거쳐 바울은 로마에 가게 되었습니다. 하나님이 말씀하신 대로였습니다(행 19:21, 23:11 참조). 하나님은 이방인과 임금들과 이스라엘 자손들에게 복음을 전할 사람으로 바울을 선택하셨습니다(행 9:15~16 참조). 바울은 예수님만이 사람들을 구원할 능력이 있다고 확신했기 때문에 복음을 전하기 위해서라면 어떤 일이라도 감수할 의지가 있었습니다.

●● 티칭 포인트

아이들을 가르칠 때, 통치자들 앞에 서서 말을 할 때나 2년 동안 감옥에 갇혀 있을 때 바울의 기분이 어떠했을지 생각할 시간을 주십시오. 하나님이 약속을 지키기 위해 어떻게 일하셨는지도 함께 생각해 볼 수 있도록 도와주십시오.

바울이 통치자들 앞에 섰어요

행 24:22~27, 25:1~14, 26:24~32

바울은 감옥에 갇혔지만 얼마간 안전했어요. 몇몇 예루살렘의 유대인들이 바울을 해치려고 했지만 로마 군인들이 바울을 로마의 지도자들에게 데려갔거든요. 그들은 무슨 일인지, 유대인들이 왜 바울을 미워하는지 알고 싶어 했어요.

먼저, 바울은 벨릭스 총독을 만났어요. 벨릭스는 바울이 예수님을 믿는다는 사실을 이미 알고 있었지만 그의 말을 들어 보기로 했어요. 벨릭스는 간수에게 바울의 친구들이 바울을 만날 수 있도록 허락해 주라고 말했어요. 며칠 뒤, 벨릭스와 그의 아내는 바울을 불렀어요. 바울은 예수님을 믿는 믿음에 관해 이야기했어요. 그는 하나님과 바른 관계를 갖는 것과 절제에 관해 이야기했어요. 또한 바울은 언젠가 하나님이 세상을 심판하실 것이라고 말했어요.

바울의 말을 들은 벨릭스는 두려워했어요. 그래서 바울에게 가라고 말했지요. 2년 동안 바울은 계속 감옥에 있으면서 때때로 벨릭스를 만나 이야기했어요. 하지만 벨릭스는 바울을 풀어 주지 않았어요.

그 후 새 총독이 왔어요. 그의 이름은 베스도예요. 바울은 베스도를 만나 "저는 아무 잘못이 없습니다. 저는 로마 황제 앞에서 재판을 받겠습니다!"라고 말했어요. 바울은 로마 시민이었기 때문에 황제 앞에서 재판받을 권리가 있었어요. 베스도는 그렇게 하라고 했어요.

바울이 로마로 가기 전에, 로마 황제가 파견한 유대의 왕 아그립바와 왕비가 베스도를 찾아왔어요. 바울은 왕에게 자신이 어떻게 예수님을 믿게 되었는지를 이야기했어요. 바울은 예수님이 유대인과 이방인에게 구원을 주기 위해 죽으셨다고 설명했지요. 옆에 있던 베스도는 "바울아, 네가 미쳤구나!"라고 말했어요. 하지만 바울은 "아닙니다. 저는 진실을 말하고 있습니다. 지금 제 말을 듣고 있는 여러분도 모두 예수님을 믿게 되기를 바랍니다"라고 대답했어요.

아그립바왕과 함께 있던 사람들이 자리에서 일어났어요. 그들은 바울에게 아무 잘못이 없다고 생각했어요. 왕은 바울이 로마 황제에

→ **이야기 TIP** ←

- **소품 사용하기** : 이야기 성경 속 각 인물을 나타내는 소품을 준비한다. 바울은 종이 사슬, 벨릭스와 베스도는 (어깨에서 반대편 허리로 연결하는) 장식 띠, 아그립바는 종이 왕관이나 홀, 간수는 배지 등이 좋다. 원하는 아이에게 해당 인물이 이야기 성경에서 언급될 때 소품을 착용하고 일어서라고 하거나, 교사가 직접 이야기 성경의 진행에 따라 소품을 바꿔 가면서 착용한다.
- **배경 장소 사용하기** : 예배실을 이야기 성경 속 장소들(감옥 / 벨릭스와 그의 아내를 만난 장소 / 베스도를 만난 장소 / 아그립바와 그의 아내를 만난 장소)로 구분해 둔다. 이야기 성경을 읽다가 적절한 순간에 각 장소로 아이들과 함께 이동한다.

게 가겠다고 하지만 않았어도 풀려날 수 있었을 것이라고 말했어요.

셨어요(행 9:15~16 참조). 사람들이 자신을 반대해도 바울은 멈추지 않았어요. 그는 모든 사람이 예수님이 주님이시라는 사실을 믿기를 바랐어요. 바울은 예수님께 사람들을 구원할 능력이 있다고 믿었어요. 그래서 복음을 전하기 위해서라면 무슨 일이든 하려고 했어요.

●● 예수님 생각하기

하나님은 이방인들과 왕들과 이스라엘 백성에게 예수님을 전할 사람으로 바울을 선택하

가스펠 준비

싱글벙글 —— **환영해요**

"바울의 고백"(지도자용 팩)을 튼다. 아이들을 반갑게 맞이하며 헌금과 기도를 도와준다. 예배 중 헌금 순서가 있다면 아이들이 헌금을 잘 간수하도록 돕는다. 가방과 외투를 정리하도록 안내한다. 새로 온 아이가 있다면 음수대와 화장실의 위치를 알려 주고, 보호자와 만나는 시간과 방법 등을 소개한다. 보호자들을 위한 안내문을 붙여 아이와 만나는 시간, 기다리는 장소, 헌금 방법, 아이에 대한 특별한 주의 사항을 교사에게 미리 알려 달라는 당부 등을 공지한다.

너랑 나랑 —— **마음 열기**

주제와 관련 있는 퍼즐이나 블록 등 아이들이 좋아하는 장난감을 몇 가지 비치해 두고 다양한 활동을 하며 예배를 준비하도록 돕는다. 아이들이 마음을 열고 오늘의 주제에 관심을 갖게 하며 예배에 집중할 수 있도록 도와준다. 교회 형편에 맞게 시간과 활동 방법을 조절한다.

성경 이야기 등장인물이 되어 보아요 

준비물 ▶ '2과 등장인물' 그림(지도자용 팩), 가위

❶ '2과 등장인물' 그림(지도자용 팩)을 자른 후 아이들에게 한 명, 한 명 보여 주면서 성경 이야기 등장인물들을 소개한다.

❷ 성경 이야기 등장인물들이 각각 어떻게 행동했는지 이야기를 나누어 본다.

❸ 인도자의 지시를 따라 총독처럼 명령하는 흉내를 내 보고, 왕처럼 걷는 흉내를 내고, 왕비처럼 서 있도록 지도

한다.

 바울은 감옥에 있는 동안 군인들과 간수들을 만났어요. 그리고 **바울은 총독들과 왕 앞에서 예수님을 전했어요.** 지도자들은 바울이 무슨 잘못을 했는지 알고 싶어 했어요. 하나님은 이

방인이나 유대인이나 높은 지위에 있는 사람이나 낮은 지위에 있는 사람이나 가릴 것 없이 모두에게 예수님을 전할 사람으로 바울을 선택하셨어요. 오늘의 성경 이야기에서 바울이 어떻게 행동했는지 잘 들어 보세요.

자물쇠를 열어요 ✳

준비물 ▶ 다양한 자물쇠와 열쇠, 다양한 모양의 스티커

❶ 아이들에게 다양한 자물쇠와 열쇠를 보여 주고 짝이 되는 자물쇠와 열쇠에 같은 모양의 스티커를 붙이라고 한다.

❷ 아이들이 자유롭게 자물쇠와 열쇠를 탐색하고, 열쇠를 이용해 자물쇠를 열어 볼 수 있도록 지도한다.

tip 자물쇠에 아이들의 손가락이 끼지 않도록 주의한다.

 바울은 죄수였어요. 그래서 아마 자물쇠로 잠긴 방에 갇혀 있었을 거예요. 총독들과 왕은 사람들이 왜 그렇게 바울에게 화가 났는지 알고 싶어 했어요. 오늘의 성경 이야기를 들으면서 바울이 총독들과 왕에게 어떤 이야기를 전했는지 알아보아요.

 **예배 대형으로 모이기**

• 카운트다운 영상, 모이기 노래 등을 활용해 예배 대형으로 바꾸고 마음을 준비하게 한다.
• 공간을 이동해야 한다면 "저는 예수님을 믿습니다!"라고 고백하며 가도록 한다.

가스펠
설교

하나 — 들어가기

사실인 문장과 거짓인 문장 몇 개를 말한다. 아이들에게 문장이 사실이라고 생각하면 엄지손가락을 위로 들고, 거짓이라고 생각하면 엄지손가락을 아래로 내리라고 한다.

예) • 하늘은 초록색이다.

　　• 물고기는 바다에서 헤엄친다.

　　• 초콜릿 우유는 초콜릿 소가 만든다.

　　• 풀은 초록색이다.

　　• 사탕을 먹으면 힘이 세진다.

언제나 사실인 것을 '진리'라고 해요. 오늘의 성경 이야기에서 총독들과 왕을 만난 바울은 진리를 말해 주었어요. 총독들과 왕은 바울이 왜 잡혀왔는지 이유를 알고 싶어 했어요. 바울은 자신이 예수님에 관한 진리를 말하고 있다고 이야기해 주었어요.

둘 — 성경 이야기

사도행전 24장을 편다. 설교 영상(지도자용 팩)을 보여 주거나 이야기 성경을 들려준다.

성경은 세상에서 가장 특별한 책이에요. 예수님에 관한 좋은 소식인 복음을 말해 주기 때문이에요. 우리가 성경에서 읽는 이야기는 모두 사실이에요. 오늘의 성경 이야기는 '사도행전'에 나와요.

셋 — 메시지와 정리

바울은 총독들과 왕 앞에서 예수님을 전했어요. 사람들이 자신을 반대해도 바울은 멈추지 않았어요. 그는 모든 사람이 예수님이 주님이시라는 사실을 믿기를 바랐어요. 바울은 예수님께 사람들을 구원할 능력이 있다고 믿었어요. 그래서 복음을 전하기 위해서라면 무슨 일이든 하려고 했어요.

연대표(지도자용 팩)를 가리키면서 복습 질문을 한다.

1. 바울은 왜 감옥에 갔혔나요?　예수님을 전했기 때문에
2. 바울은 누구 앞에서 복음을 전했나요?　총독들과 왕

3. 바울은 누구 앞에서 재판을 받겠다고 말했나요? 로마의 황제

4. 바울은 모든 왕과 통치자들이 무엇을 믿기를 바랐나요? 예수님이 주님이시고, 예수님만
   이 사람을 죄에서 구원할 능력이 있다는 사실을 믿기를 바랐다

5. 지도자들은 바울에게 잘못이 있다고 생각했나요? 아니다

넷 — 성경의 초점

바울은 사람들이 자신을 반대해도 예수님에 관한 복음을 전하는 일을 멈추지 않았어
요. **우리는 언제 예수님을 전해야 하나요? 언제나 어디서나 예수님을 전해야 해요.** 우
리는 다른 사람들도 죄에서 구원받을 수 있도록 바울처럼 예수님을 전해야 해요.

다섯 — 복음 초청

성경과 106쪽 복음 초청 가이드를 이용해서 아이들에게 그리스도인이 되는 법을 설명해 준다. 따로 상
담해 줄 사람을 정해 주고 궁금한 점이 있으면 물어보도록 격려한다.

이 시간 예수님을 믿고 마음에 모시고 싶은 친구는 함께 기도해요.

여섯 — 기도

사랑의 하나님, 바울을 통해서 통치자들에게도 예수님을 전해 주셔서 감사해요. 예수
님을 믿는 사람들을 통해 구원이 다른 사람들에게 전해지게 되어 감사해요. 우리도 누
구를 만나든지 예수님을 믿으면 구원을 얻는다는 진리를 당당하게 전하며 살 수 있도
록 성령님이 힘과 지혜를 주세요. 예수님의 이름으로 기도합니다. 아멘.

일곱 — 암송송

성경에서 빌립보서 1장 21절을 펴고 큰 소리로 여러 번 따라 읽게 한다.

바울은 누구에게든 겁내지 않고 당당하게 예수님을 전했어요. 심지어 통치자들에게도
요! 바울은 복음을 전하기 위해서라면 무슨 일이든 기쁜 마음으로 하려고 했어요. 바울
은 자신이 죽어도 예수님과 함께할 것을 알았어요. 세상에 예수님 곁보다 좋은 곳은 없
답니다.

암송송(166쪽)에 맞추어 손유희를 하며 말씀을 익힌다.

"이는 내게 사는 것이 그리스도니 죽는 것도 유익함이라"(빌 1 : 21).

가스펠
소그룹

누구든지 예수님을 믿어야 해요!

준비물 ▶ 유치부 교재 7쪽, 45쪽 '예수님' 스티커, 색연필

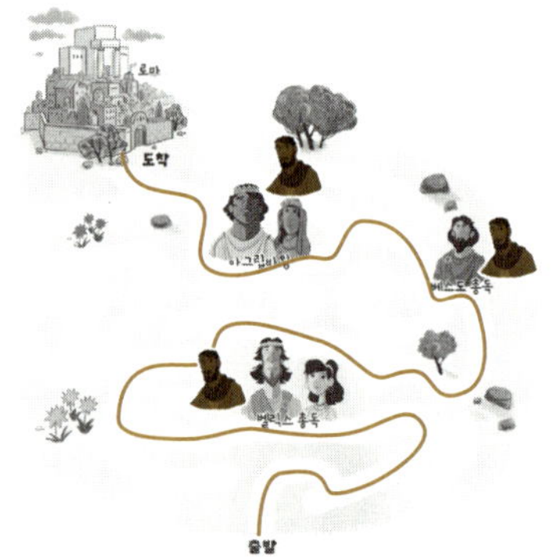

이야기 나누기

- 바울은 자신이 만난 총독들과 왕에게 무엇을 전했나요?
- 복음은 정말 모든 사람에게 필요한가요?

❶ 바울이 로마에 가기까지 어떤 일이 있었는지 기억하며 미로를 통과해 보자고 한다.

❷ 미로를 통과하며 만나는 통치자들에게 유치부 교재 45쪽 '예수님' 스티커를 떼어 붙이며 "예수님을 믿으세요!" 라고 말해 보라고 한다.

> **인도자** 오늘의 성경 이야기에서 바울은 자유롭게 돌아다니면서 예수님을 전할 수는 없게 되었어요. 그래도 바울은 복음을 전하는 일을 멈추지 않았지요. **바울은 총독들과 왕 앞에서 예수님을 전했어요.** 바울은 누구를 만나든지, 심지어 왕에게도 오직 예수님만 사람을 죄에서 구원하실 수 있다고 당당하게 말했어요.

물감을 찍어서 사슬을 표현해 보아요 ＊

준비물 ▶ 휴지 속심(키친타월 속심), 물감, 종이 접시, A4 용지, 사슬 사진 자료

❶ 종이 접시에 물감을 부어 둔다.

❷ 아이들에게 휴지 속심과 A4 용지를 나누어 주고, 휴지 속심의 밑면에 물감을 묻혀 A4 용지에 찍어 보라고 한다.

❸ 사슬 사진 자료를 보여 주면서 옛날 감옥에 갇힌 죄수들을 묶는 도구라고 설명해 주고, 물감으로 찍어서 사슬을 표현할 수 있도록 지도한다.

❹ 아이들과 함께 각자 찍은 사슬 모양을 살펴보며 감옥에 갇혀 사슬에 묶인 바울에 관해 이야기를 나누어 본다.

> **인도자** 바울은 감옥에서 오랜 시간을 보냈어요. 바울은 복음을 전하기 위해서라면 어떤 일이든 기쁜 마음으로 하려고 했어요. 지도자들은 바울이 친구들과 만날 수 있도록 허락해 주었어요. 바울은 감옥에 있는 시간을 감사하게 여겼어요. 총독 벨릭스나 아그립바왕 같은 통치자들 앞에서 예수님을 전할 수 있었기 때문이에요.

암송 구절 볼링을 해요 ✳

❶ 빈 페트병 5개에 물을 5분의 1만큼 채워 둔다.

❷ 색인 카드에 1단원 암송 구절을 5개의 어절로 나누어 쓰고, 셀로판테이프를 이용해 ❶에 붙여 '암송 구절 볼링
핀'을 만든다.

예) "이는 내게 / 사는 것이 그리스도니 / 죽는 것도 / 유익함이라 / 빌립보서 1장 21절."

❸ '암송 구절 볼링핀'을 한 줄로 세우면서 1단원 암송 구절을 큰 소리로 함께 외운다.

❹ 컬러 박스 테이프를 이용해 '굴리는 선'을 표시하고 아이들을 한 줄로 길게 세운다. 한 사람씩 차례로 탱탱볼을
굴려 '암송 구절 볼링핀'을 맞춰 넘어뜨리도록 한다.

❺ '암송 구절 볼링핀'을 다시 세울 때마다 아이들과 함께 1단원 암송 구절을 큰 소리로 암송한다.

인도자 바울은 죽어서 예수님과 영원히 함께하는 것이 가장 좋은 일이라는 것을 알았어요.
하지만 살아 있는 동안에도 온 세상에 예수님을 전하며 살기를 원했어요. 하나님은
이방인이나 유대인이나 높고 낮은 지위를 가진 모든 사람에게 예수님을 전할 사람
으로 바울을 선택하셨어요. 바울은 사람들에게 잡혀서 감옥에 갇혔지만 복음을 전
하는 일을 멈추지 않았어요. 그래서 **바울은 총독들과 왕 앞에서 예수님을 전했어요.**
왜냐하면 바울은 모든 사람이 예수님이 주님이시라는 사실을 믿기를 바랐거든요.
바울은 예수님께 사람들을 구원할 능력이 있다고 믿었어요.

오늘의 복습 게임을 해요 ✳

❶ 컬러 박스 테이프를 이용해 예배실 바닥에 큰 바둑판 모양(5×5)을 만들어 둔다.

❷ 바둑판 중앙에 출발 지점을 표시하고, 중간중간에 ✕와 ◯를 그려 둔다. 주사위에 '앞으로', '뒤로', '왼쪽으로',
'오른쪽으로', '대각선', '정지'라고 표시해 둔다.

❸ 자원하는 아이에게 게임판의 '말' 역할을 맡기고, 주사위를 던져 나온 만큼 이동하다가 ✕칸에 도착하면 지시
사항을 수행하면 된다는 게임의 규칙을 설명해 준다.

지시 사항) 오늘의 성경 이야기에서 기억나는 부분 말하기, 2과의 주제 말하기, 1단원 암송 구절 외우기, 1단원
성경의 초점 질문과 답 말하기 등.

tip 게임을 시작하기 전에 아이들과 함께 ✕칸에서 따라야 하는 지시 사항을 연습해 두면 좋다.

❹ '말'이 ◯칸에 도착하면 다른 아이에게 새로운 '말' 역할을 맡겨 게임을 계속한다.

인도자 하나님은 바울을 이방인들과 왕들과 이스라엘 백성에게 우리를 죄에서 구원하시는
예수님을 전할 사람으로 선택하셨어요. **바울은 총독들과 왕 앞에서 예수님을 전했
어요.** 하나님은 우리도 예수님을 전할 사람으로 선택하셨어요. **우리는 언제 예수님
을 전해야 하나요? 언제나 어디서나 예수님을 전해야 해요.**

간식

준비물 ▶ 막대 모양의 과자, 마시멜로

❶ 카운트다운 영상, 정리하기 노래 등을 활용해 활동이 끝났음을 알린다. 아이들에게 주변을 정리하게 하고, 화장실에 가거나 물티슈 등을 이용해 손을 씻을 시간을 준다.

❷ 감사 기도를 드리고 막대 모양의 과자와 마시멜로를 간식으로 나누어 준다. 막대 모양의 과자 한쪽 끝에 마시멜로를 끼워 왕의 홀을 만들어 보자고 한다. 홀을 들고 있는 왕의 모습을 흉내 내어 본다. 바울은 총독들과 왕 앞에서 예수님을 전했다고 이야기한다.

❸ 간식을 먹은 후 마무리 정리를 잘하도록 지도한다.

마무리

준비물 ▶ 유치부 교재 37쪽 메시지 카드, 소그룹 활동지, 파일

❶ 이번 주 메시지 카드로 부모님과 함께 오늘 배운 성경 이야기를 나누어 보라고 한다.

가족과 활동해요

• 우리 동네와 우리나라 지도자들이 주님께 영광 돌리는 방법으로 사람들을 이끌게 해 달라고 기도하세요.

• "당신을 위해 기도하고 있어요"라고 적은 카드를 만들어 지도자에게 보내세요.

❷ 나만의 기록장에 기록할 내용을 소개하고, 소그룹 활동지를 떼어 파일에 끼운 뒤 가방에 정리하게 한다.

❸ 아이들을 위해 기도한다.

> **인도자** 하나님, 모든 사람을 구원하기 위해 바울을 선택해 복음을 전하게 하신 것처럼 우리도 모든 사람에게 예수님을 전하기 위해 부르셨음을 믿어요. 바울처럼 어떤 상황에서도 예수님을 전할 용기와 능력을 주세요. 예수님의 이름으로 기도합니다. 아멘.

❹ 아이를 데리러 온 부모에게 아이가 특별히 즐거워했거나 잘했던 활동들에 대해 이야기해 주고, 가정에서 성경 읽기와 가족 활동을 진행할 수 있도록 격려한다.

 **나만의 기록장**

지도자들 앞에서 예수님을 전하는 내 모습 그리기

3

바울이 로마에 가게 되었어요

[행 27:13~44, 28:11~16]

주제	배가 부서지는 풍랑을 만났지만 하나님이 바울을 지키셨어요.
예수님 생각하기	바울은 자신과 모든 사람을 풍랑에서 구하겠다고 하신 하나님의 약속을 믿고 의지했어요. 그리고 선원들에게도 하나님을 믿고 의지하라고 말했어요. 하나님은 우리가 예수님을 믿고 의지하기를 바라세요. 예수님은 우리를 죄와 죽음에서 구원하기 위해 죽으셨어요. 우리는 이 좋은 소식을 모든 사람에게 전할 수 있어요.
단원 암송	빌 1:21
성경의 초점	우리는 언제 예수님을 전해야 하나요? 언제나 어디서나 예수님을 전해야 해요.

바울은 유대인들의 근거 없는 고소 때문에 로마 군대의 감옥에 수감되었습니다. 가이사랴에서 여러 통치자들에게 여러 차례 심문을 받은 바울은 로마 시민으로서 황제에게 상소할 권리를 행사했습니다. 그래서 총독 베스도는 바울을 로마로 호송하도록 조치를 취했습니다.

바울은 로마로 가는 배를 탔습니다. 로마로 향하는 바울의 여정은 지체되고 복잡하게 얽힌 것으로도 모자랐는지, 배가 혹한 풍랑을 만났습니다. 바울이 출발하기 전에 선원들에게 지금 크레타(그레데)를 떠나면 모든 것을 잃고 죽을 수도 있다고 경고했지만, 선원들은 귀담아듣지 않았습니다. 바울은 그들의 방식이 잘못되었다고 지적하면서도 희망을 주었습니다. 천사가 바울에게 나타나 무사히 로마에 도착할 것이고 그와 함께한 사람들도 모두 무사할 것이라고 말했기 때문입니다.

거친 풍랑 속에서 바울은 배에 있는 사람들에게 음식을 먹고 힘을 내라고 말했습니다. 선원들이 배를 한 섬의 해안에 대려고 했지만 모래 언덕에 걸려 꼼짝 못하게 되었습니다. 거센 파도에 부딪쳐 배는 부서졌습니다. 그러나 사람들은 모두 무사히 해안에 도착할 수 있었습니다.

바울은 그리스도를 위해 고난을 받았습니다. 고린도 교회에 보내는 그의 편지에는 바울이 겪은 고초가 열거되어 있습니다. 매를 맞고, 돌에 맞고, 여러 위험을 만나고, 수고하고 애쓰고, 뜬눈으로 밤을 새우고, 굶주리며 목마르고, 헐벗고, 교회를 위한 염려로 마음 아파했습니다(고후 11:24~29 참조). 바울은 끊임없이 하나님이 자신의 삶에 개입하시는 증거를 보았고, 그때마다 복음은 전진했습니다.

●● 티칭 포인트

아이들을 가르칠 때, 바울은 하나님이 그들을 풍랑에서 구하겠다고 하신 약속을 지키실 것을 믿었다는 점을 강조하십시오. 바울은 선원들에게 하나님을 믿으라고 용기를 북돋워 주었습니다. 하나님은 우리가 우리를 죄와 죽음에서 구원하기 위해 죽으시고 부활하신 하나님의 아들, 예수님을 믿으며 다른 사람들에게 이 기쁜 소식을 전하기를 바라십니다. 우리는 하나님이 선하시며 만물을 다스리신다는 사실을 알기 때문에 다른 사람들에게 하나님을 믿고 의지하라고 격려할 수 있습니다.

바울이 로마에 가게 되었어요

행 27:13~44, 28:11~16

바울은 죄수였어요. 그는 황제가 있는 로마로 재판을 받으러 가게 되었어요. 바울은 다른 죄수들과 함께 배를 타고 로마로 향했어요. 하지만 큰 폭풍이 몰려와 위험한 상황이 되었어요. 강한 비바람과 파도 때문에 배가 이리저리 흔들렸어요. 배에 타고 있던 사람들은 죽을까 봐 두려워했어요.

그때 하나님이 바울에게 천사를 보내셨어요. 천사는 바울에게 두려워하지 말라고 말했어요. 하나님이 배에 탄 사람들을 모두 구하실 것이라고 했지요. 바울은 사람들에게 하나님의 말씀을 전했어요. "안심하십시오. 저는 하나님이 진실을 말씀하신다는 것을 믿습니다. 우리는 안전할 것입니다. 하지만 이 배를 섬에 대야 합니다."

배가 한 섬에 가까워지자 선원들 몇 명이 닻을 내리는 척하다가 작은 배를 타고 달아나려고 했어요. 바울은 그들에게 살고 싶으면 이 배에 남아 있으라고 말했어요. 선원들은 바울의 말을 들었어요.

모두 오랫동안 음식을 먹지 못했어요. 바울은 음식을 먹고 힘을 내라고 말했어요. 바울이 하나님께 감사 기도를 드리고 떡을 떼어 주자 모두 먹었어요. 그런 다음 섬 가까이 배를 몰았어요. 갑자기 배가 모래 언덕에 걸려 꼼짝 못하게 되었어요. 배가 파도에 부딪쳐 부서지기 시작했지요. 백부장이 모두 바닷가까지 헤엄쳐 가라고 말했어요. 헤엄칠 줄 모르는 사람은 부서진 배의 조각에 매달려 갔어요. 모두 무사히 바닷가에 도착했어요. 바울의 말이 맞았어요. 하나님이 모두의 생명을 구하셨어요.

3개월 후 바울은 다른 배를 타고 로마로 갔어요. 바울은 여전히 죄수의 신분이었지만, 감옥에 가는 대신 어떤 집에서 혼자 지내도록 허락을 받았어요. 군인 한 명이 그를 지켰지요. 사람들은 바울의 집에 와서 하나님의 나라와 예수님에 관한 이야기를 들었어요. 어떤 사람들은 바울의 말을 듣고 예수님을 믿었어요.

●● 예수님 생각하기

바울은 자신과 모든 사람을 풍랑에서 구하겠다고 하신 하나님의 약속을 믿고 의지했어요.

● 이야기 TIP ●

- **참여 유도하기** : 이야기 성경을 들려주는 중에 폭풍이 나오면 아이들에게 스프레이로 물을 살짝 뿌려 준다. 예배실의 등을 재빨리 껐다 켰다 하면서 번개를 표현하고, 천둥소리를 틀어 준다. 아이들에게 배가 흔들리는 것처럼 몸을 앞뒤로 움직여 보라고 말한다. 해안까지 헤엄쳐 가는 흉내를 내도록 지도한다.

- **포스트잇 사용하기** : 이야기 성경의 여러 부분을 나타내는 간단한 그림이나 모양을 여러 장의 포스트잇에 그려 둔다. '이야기 성경 일러스트'(지도자용 팩) 위에 포스트잇을 모두 붙인다. 이야기 성경을 들려주다가 포스트잇에 그린 그림에 해당하는 부분이 나오면 하나씩 떼어 낸다. 포스트잇을 다 떼어 낼 때까지 이야기를 계속한다.

그리고 선원들에게도 하나님을 믿고 의지하라고 말했어요. 하나님은 우리가 예수님을 믿고 의지하기를 바라세요. 예수님은 우리를 죄와 죽음에서 구원하기 위해 죽으셨어요. 우리는 이 좋은 소식을 모든 사람에게 전할 수 있어요.

가스펠 준비

싱글벙글 ─── 환영해요

"바울의 고백"(지도자용 팩)을 튼다. 아이들을 반갑게 맞이하며 헌금과 기도를 도와준다. 예배 중 헌금 순서가 있다면 아이들이 헌금을 잘 간수하도록 돕는다. 가방과 외투를 정리하도록 안내한다. 새로 온 아이가 있다면 음수대와 화장실의 위치를 알려 주고, 보호자와 만나는 시간과 방법 등을 소개한다. 보호자들을 위한 안내문을 붙여 아이와 만나는 시간, 기다리는 장소, 헌금 방법, 아이에 대한 특별한 주의 사항을 교사에게 미리 알려 달라는 당부 등을 공지한다.

너랑 나랑 ─── 마음 열기

주제와 관련 있는 퍼즐이나 블록 등 아이들이 좋아하는 장난감을 몇 가지 비치해 두고 다양한 활동을 하며 예배를 준비하도록 돕는다. 아이들이 마음을 열고 오늘의 주제에 관심을 갖게 하며 예배에 집중할 수 있도록 도와준다. 교회 형편에 맞게 시간과 활동 방법을 조절한다.

파도를 따라 그려요 ∗

준비물 ▶ '파도' 그림(지도자용 팩), 유성매직, 투명 파일, A4 용지

❶ '파도' 그림(지도자용 팩)을 프린트해 투명 파일에 끼워서 아이들에게 하나씩 나누어 준다.

　　tip 투명 파일에 끼우지 않고 종이에 직접 그리게 해도 좋다.

❷ 아이들에게 유성매직으로 파도 무늬를 따라 그려 보라고 한다.

　　tip 유성매직을 사용할 때 옷에 묻지 않도록 주의 깊게 살핀다. 미술용 앞치마를 착용하면 좋다.

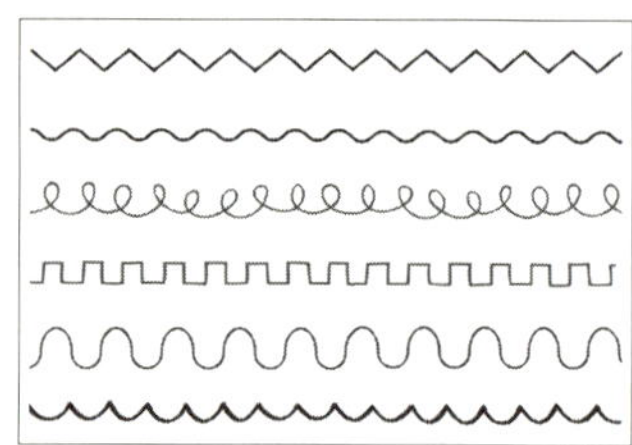

❸ A4 용지를 한 장씩 나누어 주고 자신만의 파도를 더 그려 보게 한다.

❹ 파도 위에 배도 그려 보라고 한다.

> **인도자** 바울이 로마로 가는 길에 무슨 일이 일어났는지 말할 수 있겠어요? 배에 탄 다른 사람들은 두려워했어요. 하나님은 그들을 어떻게 하셨을까요?

배 타는 흉내를 내요 ✳

준비물 ▶ 의자(이불, 돗자리 등)

❶ 아이들의 수만큼 의자를 길게 배치하고 '배'라고 소개한다.
❷ 의자에 앉아 있는 아이들에게 상황을 제안하고 함께 동작으로 표현해 본다.

예) • "바닷물이 잔잔해요." : 가만히 앉아 있는다.
　　 • "바다가 거칠어요." : 팔다리를 휘젓는다.
　　 • "파도가 출렁거려요." : 몸을 곧추세웠다가 웅크리기를 반복한다.
　　 • "천둥과 번개가 쳐요." : 귀를 막는다.

> **인도자** 배를 타 본 적이 있나요? 오늘의 성경 이야기에서 바울은 배를 타고 로마로 가다 큰 폭풍을 만났어요. 하나님이 배에 탄 사람들을 어떻게 지키셨는지 잘 들어 보세요.

물놀이 구명 장비를 관찰해요 ✳

준비물 ▶ 큰 가방, 물놀이 구명 장비(튜브, 코마개, 구명조끼, 물안경, 스노클 등)

❶ 물놀이 구명 장비를 큰 가방에 넣어 둔다.
❷ 아이들에게 가방에 있는 물건이 무엇인지 수수께끼 형식으로 물어본 후 꺼내 확인시켜 준다.

예) • 튜브 : "동그란 도넛처럼 생겨서 배에 끼우는 거예요."
　　 • 코마개 : "코로 물이 들어가지 않도록 코를 꽉 막아 주어요."
　　 • 구명조끼 : "양팔을 끼울 수 있고 버튼을 잠가서 입어요."
　　 • 물안경 : "이것을 하면 물속에 들어가서도 다 볼 수 있어요."
　　 • 스노클 : "이것을 하면 물속에 들어가서도 숨을 쉴 수 있어요."

> **인도자** 이것은 모두 물속에서 우리를 보호해 주는 물건들이에요. 오늘의 성경 이야기에서 바울은 배를 타고 가다가 폭풍을 만났어요. 그에게는 물안경과 구명조끼보다 더 강력한 도움이 필요했어요. 오직 하나님만 주실 수 있는 보호가 필요했지요. 과연 하나님이 바울과 배에 탄 사람들을 어떻게 보호하셨는지 이야기를 잘 들어 보세요.

예배 대형으로 모이기

• 카운트다운 영상, 모이기 노래 등을 활용해 예배 대형으로 바꾸고 마음을 준비하게 한다.
• 공간을 이동해야 한다면 폭풍 속에서 배를 탄 것처럼 몸을 앞뒤로 흔들며 가도록 한다.

가스펠 설교

하나 — 들어가기

'바울의 로마 여행' 지도(지도자용 팩)를 프린트해 지중해가 어디 있는지 아이들에게 보여 준다. 바울이 가이사랴에서 로마로 가기 위해 다른 어떤 교통수단을 이용할 수 있었을지 의견을 모아 본다.

바울은 가이사 앞에서 재판을 받기 위해 로마로 가고 있었어요. 배가 가장 좋은 방법이었지요. 그때 바울은 배를 타고 가다가 어려움을 만났어요. 하지만 바울은 자신과 모든 사람을 풍랑에서 구하겠다고 하신 하나님의 약속을 믿고 의지했어요.

둘 — 성경 이야기

사도행전 27장을 편다. 설교 영상(지도자용 팩)을 보여 주거나 이야기 성경을 들려준다.

오늘의 성경 이야기는 신약성경 중에 '사도행전'에 나와요. 성경은 세상에서 가장 중요한 책이에요. 하나님의 말씀이기 때문이에요. 우리가 성경에서 듣는 이야기는 모두 실제로 일어난 일이에요.

셋 — 메시지와 정리

바울은 자신과 모든 사람을 풍랑에서 구하겠다고 하신 하나님의 약속을 믿고 의지했어요. 그리고 선원들에게도 하나님을 믿고 의지하라고 말했어요. **배가 부서지는 풍랑을 만났지만 하나님이 바울을 지키셨어요.** 하나님은 우리가 예수님을 믿고 의지하기를 바라세요. 예수님은 우리를 죄와 죽음에서 안전하게 구원하기 위해 죽으셨어요. 우리는 이 좋은 소식을 모든 사람에게 전할 수 있어요.

연대표(지도자용 팩)를 가리키면서 복습 질문을 한다.

1. 바울은 왜 로마로 가고 있었나요? 로마의 황제 앞에서 재판을 받기 위해
2. 바울이 배를 타고 로마로 가는 길에 무슨 일이 일어났나요? 큰 폭풍이 일어나 위험에 처했다
3. 하나님은 바울과 배에 탄 사람들이 안전할 것이라는 소식을 누구를 통해 전하셨나요? 천사
4. 하나님은 배에 탄 사람들 중 일부를 구하셨나요, 모두를 구하셨나요? 모두를 구하셨다

5. 로마에 도착한 바울은 어떻게 되었나요? 군인이 지키는 집에서 살게 되었다

넷 — 성경의 초점

바울은 어디를 가든지 자신이 만나는 사람들이 예수님을 믿고 의지하게 되기를 바랐어요. 우리는 예수님이 우리를 죄에서 구원하기 위해 죽으셨다는 좋은 소식을 알고 있고, 모든 사람에게 전할 수 있어요. **우리는 언제 예수님을 전해야 하나요? 언제나 어디서나 예수님을 전해야 해요.**

다섯 — 복음 초청

성경과 106쪽 복음 초청 가이드를 이용해서 아이들에게 그리스도인이 되는 법을 설명해 준다. 따로 상담해 줄 사람을 정해 주고 궁금한 점이 있으면 물어보도록 격려한다.

이 시간 예수님을 믿고 마음에 모시고 싶은 친구는 함께 기도해요.

여섯 — 기도

복음을 전하다가 위험에 빠진 바울을 안전하게 지켜 주신 하나님, 감사해요. 우리도 바울처럼 하나님이 언제나 우리를 지키고 보호해 주실 것을 믿고 예수님의 복음을 전하는 사람이 되고 싶어요. 예수님의 이름으로 기도합니다. 아멘.

일곱 — 암송송

성경에서 빌립보서 1장 21절을 펴고 큰 소리로 여러 번 따라 읽게 한다.

바울은 많은 어려움을 만났지만 예수님을 위해 살 수 있어서 기뻤어요. 바울은 예수님과 함께하는 것이 가장 좋다는 것을 알고 있었기 때문에 죽는 것도 유익하다고 했어요. 그래도 살아 있는 동안에는 다른 그리스도인들을 도와주고 싶어 했어요.

암송송(166쪽)에 맞추어 손유희를 하며 말씀을 익힌다.

"이는 내게 사는 것이 그리스도니 죽는 것도 유익함이라"(빌 1:21).

가스펠
소그룹

풍랑을 만났어요!

준비물 ▶ 유치부 교재 9쪽, 색연필

이야기 나누기

- 배에 탄 바울이 로마로 가는 길에 무슨 일이 일어났나요?
- 하나님은 풍랑 속에서 어려움을 겪고 있는 바울과 사람들에게 어떻게 하셨나요?

❶ 바울이 탄 배가 풍랑을 만나 위험에 처했다고 말해 준다.

❷ 그림을 보고 순서에 맞게 빈칸에 번호를 적으라고 한다.

❸ 배가 부서지는 풍랑 속에서 바울과 사람들은 어떻게 되었는지 아이들에게 질문하고 답을 들어 본다.

❹ 섬에 안전하게 도착한 바울과 사람들의 모습을 상상해 보고, 어떻게 살아날 수 있었는지 이야기를 나누어 본다.

> **인도자** 바울이 탄 배가 폭풍으로 출렁이는 파도 때문에 위아래로 마구 흔들렸어요. 나중에는 배가 모래 언덕에 걸려 꼼짝 못하게 되었다가 부서지기 시작했지요. 바울은 **배가 부서지는 풍랑을 만났지만 하나님이 바울을 지키셨어요.** 바울은 배에 탄 모든 사람이 무사히 해안에 도착할 것이라는 천사의 말을 듣고 하나님을 믿고 의지했어요.

동작과 함께 이야기를 복습해요 ✱

❶ 아이들과 함께 이야기 성경에 나오는 여러 단어를 동작으로 표현해 본다.

❷ 교사가 큰 소리로 단어를 외치면서 아이들과 함께 다음 동작을 하는 연습을 여러 번 한다.

예) • "배를 탔어요." : 제자리에 앉아 있는다.

• "폭풍이 불어요." : 팔을 흔들면서 바람 소리를 낸다.

• "두려워했어요." : 두려운 표정을 짓는다.

• "감사 기도 드려요." : 손을 가슴 앞에 모아 기도손을 만든다.

• "먹었어요." : 먹는 흉내를 낸다.

• "헤엄쳐요." : 헤엄치는 흉내를 낸다.

❸ 처음에는 천천히 하다가 점점 속도를 높인다.

❹ 이야기 성경을 다시 들려줄 텐데, 해당 단어가 나오면 알맞은 동작을 하면 된다고 말해 준다.

> **인도자** 바울은 **배가 부서지는 풍랑을 만났지만 하나님이 바울을 지키셨어요**. 바울은 자신과 모든 사람을 풍랑에서 구하겠다고 하신 하나님의 약속을 믿고 의지했어요. 그리고 선원들에게도 하나님을 믿고 의지하라고 말했어요. 하나님은 우리가 예수님을 믿고 의지하기를 바라세요. 예수님은 우리를 죄와 죽음에서 구원하기 위해 죽으셨어요. 우리는 이 좋은 소식을 모든 사람에게 전할 수 있어요.

파도치는 병을 만들어요 ∗

준비물 ▶ 페트병, 식용유, 깔때기, 물, 색소, 투명 박스 테이프, 유성매직, 컬러 시트지, 가위

❶ 페트병에 3분의 1가량 식용유를 부어 둔다.
❷ 깔때기를 이용해 ❶에 물을 붓고 색소 몇 방울을 떨어뜨린 후 뚜껑을 닫는다.
❸ 투명 박스 테이프로 입구를 단단히 막아 '파도치는 병'을 완성하고, 살살 흔들어 물과 색소를 섞어 보라고 한다.
❹ 컬러 시트지에 유성매직으로 3과의 주제를 써 주고 ❸에 붙이라고 한다.

> tip 대야에 물을 붓고 '종이배'를 만들어 띄워 보는 방법도 있다.

> **인도자** 거센 풍랑에 바람과 파도가 일면 배가 마구 흔들려요. 여러분이 만든 병 속에서 파도가 움직이는 모습이 보이나요? 바울은 **배가 부서지는 풍랑을 만났지만 하나님이 바울을 지키셨어요**. 바울은 자신과 모든 사람을 풍랑에서 구하겠다고 하신 하나님의 약속을 믿고 의지했어요.

빨대로 바람을 불어요 ∗

준비물 ▶ 솜뭉치, 빨대, 물티슈

❶ 책상 한쪽 끝에 솜뭉치 2개를 올려놓는다.
❷ 아이들 2명에게 빨대를 하나씩 나누어 주고, 빨대를 불어 바람을 일으키는 시범을 보여 준다.
❸ 아이들에게 빨대로 바람을 불어 자기 솜뭉치를 책상 반대쪽 끝으로 보내면 된다고 말해 준다. 이때 솜뭉치를 책상 아래로 떨어뜨리지 않도록 주의하라고 이야기한다.

> tip 아이들이 사용했던 빨대와 솜뭉치는 버리고, 책상은 물티슈로 닦아 깨끗하게 한다.

> **인도자** 거센 풍랑으로 배가 부서졌어요. 바울은 **배가 부서지는 풍랑을 만났지만 하나님이 바울을 지키셨어요**. 3개월이 지난 후, 바울은 다른 배를 타고 로마로 갔어요. 바울은 여전히 죄수 신분이었지만, 감옥에 가는 대신 군인이 지키는 집에서 혼자 살도록 허락을 받았어요. 사람들은 바울의 집에 와서 바울의 이야기를 들었어요. 바울은 갇혀 있으면서도 자신을 찾아온 사람들에게 복음을 전했어요. **우리는 언제 예수님을 전해야 하나요? 언제나 어디서나 예수님을 전해야 해요.**

간식

준비물 ▶ 귤(오렌지), 접시, 포크

❶ 카운트다운 영상, 정리하기 노래 등을 활용해 활동이 끝났음을 알린다. 아이들에게 주변을 정리하게 하고, 화장실에 가거나 물티슈 등을 이용해 손을 씻을 시간을 준다.

❷ 감사 기도를 드리고, 귤을 까서 귤 조각을 아이들에게 보여 주면서 마치 배처럼 생겼다고 말한다. 귤을 간식으로 나누어 준다. 아이들에게 바울이 탄 배가 풍랑을 만났지만 하나님은 모두를 지켜 주셨다고 이야기해 준다.

❸ 간식을 먹은 후 마무리 정리를 잘하도록 지도한다.

마무리

준비물 ▶ 유치부 교재 37쪽 메시지 카드, 소그룹 활동지, 파일

❶ 이번 주 메시지 카드로 부모님과 함께 오늘 배운 성경 이야기를 나누어 보라고 한다.

가족과 활동해요

• 배에서 사고가 나면 어떻게 대피해야 하는지를 소개하는 영상을 찾아보고 가족이 다 함께 시청해 보세요.

• 이웃 가족과 함께 배를 타는 여행을 가 보세요. 배를 타고 오늘의 성경 이야기를 나누어 보세요.

❷ 나만의 기록장에 기록할 내용을 소개하고, 소그룹 활동지를 떼어 파일에 끼운 뒤 가방에 정리하게 한다.

❸ 아이들을 위해 기도한다.

> 인도자 하나님, 성경을 주셔서 감사해요. 성경을 통해서 바울이 하나님만 의지하며 복음을 전했을 때 하나님이 그를 지켜 주셨다는 이야기를 알게 되었어요. 우리도 바울처럼 아무리 힘들어도 우리를 지켜 주시는 하나님만 의지하고 예수님의 기쁜 소식인 복음을 전할래요. 하나님이 힘 주세요. 예수님의 이름으로 기도합니다. 아멘.

❹ 아이를 데리러 온 부모에게 아이가 특별히 즐거워했거나 잘했던 활동들에 대해 이야기해 주고, 가정에서 성경 읽기와 가족 활동을 진행할 수 있도록 격려한다.

 **나만의 기록장**

산이나 바닷가, 배, 비행기에서 예수님을 전하는 내 모습 그리기

4

바울이 감옥에서도 하나님을 찬양했어요

[빌 1:12~30]

주제	바울은 빌립보 성도들에게 어려움 속에서도 기뻐하라고 했어요.
예수님 생각하기	바울은 어려움을 겪었지만, 하나님이 그를 사용하셔서 예수님에 관한 좋은 소식을 전하고 교회를 돕게 하셨어요. 바울은 예수님이 사람들을 죄에서 구원하기 위해 고난받으셨던 것처럼 하나님의 일을 하는 그리스도인들도 고난받을 것이라는 사실을 알고 있었어요.
단원 암송	빌 1:21
성경의 초점	우리는 언제 예수님을 전해야 하나요? 언제나 어디서나 예수님을 전해야 해요.

바울은 로마에서 죄수의 신분으로 가택에 연금되어 있는 동안 빌립보 성도들에게 편지를 썼습니다. 그가 빌립보에 교회를 세운 것은 10년 전이었습니다. 바울의 편지는 감사와 기쁨으로 시작합니다. 바울의 긴 수감 기간을 생각할 때 이는 참으로 놀라운 반응입니다. 그는 지금 로마의 황제 앞에서 재판을 받기 위해 기약 없이 기다리고 있는 상황입니다.

사람들 사이에 바울이 왜 죄수가 되었는지에 관한 이야기가 퍼졌습니다. 황제의 근위대 전체가 바울이 예수님을 따른다는 이유로 붙잡힌 것을 알고 있었습니다. 실패의 연속으로 보이는 바울의 고난은 오히려 복음을 전진시켰습니다. 바로 이 이유로 바울은 기뻐했던 것입니다.

우리 삶에 찾아온 고난을 생각해 보십시오. 고난이 닥치면 대부분 어떻게 반응합니까? 고난에 대한 반응을 보면 어떤 믿음을 가지고 있는지 알 수 있습니다. 삶에서 무엇을 가장 소중하게 여기는지도 알 수 있습니다.

바울이 어떠한 혼란과 고난에 둘러싸여 있다 해도 복음은 전파되고, 예수님이 주님이시고, 바울이 주님을 알았다는 사실은 변함없는 현실이었습니다. 이렇게 영원에 기초한 관점이 바울의 평안과 기쁨의 핵심 요소였습니다. 하나님은 바울이 겪고 있는 어려운 상황을 사용해 복음이 전파되고 교회가 세워지게 하셨습니다. 바울은 예수님이 세상을 구원하기 위해 고난을 당하셨던 것처럼, 하나님의 일을 하는 그리스도인들도 고난을 겪을 것이라는 사실을 알고 있었습니다.

●● 티칭 포인트

아이들을 가르칠 때, 기쁨은 성령의 열매 중 하나라는 점을 떠올려 주십시오(갈 5:22 참조). 기쁨은 하나님을 알고 섬기는 데서 오는 즐거움이라는 것도 설명해 주십시오. 바울은 아주 영적이거나 단순히 자신의 상황에 대해 낙천적이었기 때문에 기쁨을 쥐어짜 낸 것이 아닙니다. 그가 기뻐할 수 있었던 이유는 예수님께 집중했기 때문입니다. 고난 속에 기쁨이 있다고 해서 비통함과 고통이 사라지는 것은 아닙니다. 하지만 기쁨은 어려운 상황에서도 소망을 줍니다. 이 기쁨은 모든 것을 하나님의 영광과 우리의 유익을 위해 행하시는 하나님의 신실하심에 기초를 두고 있습니다.

바울이 감옥에서도 하나님을 찬양했어요

빌 1:12~30

바울은 로마에서 죄수로 집에 갇혀 지냈어요. 군인 한 명이 그를 지켰지요. 어떤 유대인들은 바울을 해치려고 했어요. 바울의 믿음이 싫었기 때문이에요. 바울은 사람들에게 예수님이 죽은 자 가운데서 다시 살아나셨다고 이야기했거든요.

이제 바울은 로마의 황제에게 재판받을 날을 기다리고 있었어요. 갇혀 지내는 바울을 찾아오거나 그에게 선물을 보내는 성도들도 있었어요. 바울은 보내 준 선물에 감사하고 자기 일에 관해 이야기하는 내용으로 빌립보 성도들에게 편지를 썼어요. 바울은 "유대인들이 저를 막으려고 했지만, 제게 일어난 모든 일은 오히려 더 많은 사람에게 예수님에 관한 기쁜 소식인 복음을 전하는 데 도움이 되었다는 사실을 여러분이 알았으면 좋겠습니다"라고 썼어요.

바울 곁에는 죄수인 그를 지키는 특별한 군인들이 항상 함께 있었어요. 그래서 바울은 그들에게 예수님을 전할 수 있었지요. 성도들도 용감하게 예수님에 관한 기쁜 소식을 더 열심히 전했어요.

또한 바울은 "저를 위해 기도해 주어서 감사합니다. 하나님이 성령님을 보내 도우시는 것을 알고 있습니다. 앞으로도 어떤 일이 닥쳐도 절대로 두려워하거나 부끄러워하지 않기를 바랍니다. 저는 살아도 예수님을 위해 사는 것이고, 예수님을 위해 죽는다 해도 예수님과 영원히 함께하게 될 것입니다"라고 썼어요.

바울은 예수님과 함께하는 것이 그 무엇보다 가장 좋은 일이라는 것을 알았어요. 하지만 살아 있는 동안에는 다른 그리스도인들을 돕고 싶어 했어요. "어떤 상황에서도 그리스도를 높이는 삶을 사십시오. 그러면 제가 여러분과 함께 있든지 떠나 있든지 여러분이 힘을 합쳐 예수님에 관한 기쁜 소식을 전한다는 말을 듣게 될 것입니다. 사람들이 두려워서 복음 전하는 일을 그만두지 마십시오. 하나님을 믿는 것뿐만 아니라 하나님을 위해 고난받는 것도 하나님이 여러분에게 주신 일입니다."

●● 예수님 생각하기

바울은 어려움을 겪었지만, 하나님이 그를 사용하셔서 예수님에 관한 좋은 소식을 전하고

• 이야기 TIP •

- **그림 수수께끼를 사용해요** : 종이 접시에 이야기 성경에서 자주 언급되는 사람, 장소, 물건 등을 그려 둔다. 이야기 성경을 들려주면서 종이 접시에 그려진 내용이 나올 때마다 해당하는 종이 접시를 얼굴 앞에 들고 아이들에게 그것이 무엇을 나타내는지 말할 기회를 준다.
- **단원 암송 구절과 연관시켜요** : 1단원 암송 구절을 잘 보이는 곳에 붙이고, 이야기 성경을 들려주다가 1단원 암송 구절에 해당하는 내용이 나오면 잠시 멈추고 함께 읽거나 외운다.

교회를 돕게 하셨어요. 바울은 예수님이 사람들을 죄에서 구원하기 위해 고난받으셨던 것처럼 하나님의 일을 하는 그리스도인들도 고난받을 것이라는 사실을 알고 있었어요.

가스펠 준비

😊 환영해요

"바울의 고백"**(지도자용 팩)**을 튼다. 아이들을 반갑게 맞이하며 헌금과 기도를 도와준다. 예배 중 헌금 순서가 있다면 아이들이 헌금을 잘 간수하도록 돕는다. 가방과 외투를 정리하도록 안내한다. 새로 온 아이가 있다면 음수대와 화장실의 위치를 알려 주고, 보호자와 만나는 시간과 방법 등을 소개한다. 보호자들을 위한 안내문을 붙여 아이와 만나는 시간, 기다리는 장소, 헌금 방법, 아이에 대한 특별한 주의 사항을 교사에게 미리 알려 달라는 당부 등을 공지한다.

😊 마음 열기

주제와 관련 있는 퍼즐이나 블록 등 아이들이 좋아하는 장난감을 몇 가지 비치해 두고 다양한 활동을 하며 예배를 준비하도록 돕는다. 아이들이 마음을 열고 오늘의 주제에 관심을 갖게 하며 예배에 집중할 수 있도록 도와준다. 교회 형편에 맞게 시간과 활동 방법을 조절한다.

다시 오실 그리스도를 기다려요

준비물 ▶ 유치부 교재 11쪽, 31쪽 '퍼즐 조각', 풀

이야기 나누기
- 하나님의 구원 계획은 어떻게 이루어지나요?
- 다시 오실 예수님을 맞이하는 내 모습을 상상하며 이야기를 나누어 보세요.

❶ 아이들과 함께 '위대한 시작'으로부터 '다시 오실 그리스도'까지 성경의 흐름을 보며 하나님의 구원 계획을 따라가 본다.

❷ 유치부 교재 31쪽 '퍼즐 조각'을 떼어 알맞은 곳에 풀로 붙여 가스펠 프로젝트 연대표를 완성하도록 지도한다.

   `tip` 가위바위보를 해서 이긴 사람이 한 칸씩 전진하는 보드게임으로 활용해도 좋다.

인도자 하나님은 세상을 만드셨고, 하나님의 백성을 이집트에서 구해 주신 뒤 가나안으로 인도해 주셨고, 왕을 세워 다스리셨어요. 또한 하나님은 선지자들을 보내셨지만, 이스라엘 백성은 하나님의 말씀에 불순종해서 다른 나라에 종으로 끌려갔어요. 하지만 하나님이 지켜 주셔서 다시 돌아올 수 있었고, 오랜 시간이 지난 후 하나님은 이 땅에 예수님을 보내 주셨어요. 예수님은 비유로 하나님 나라를 가르쳐 주셨고, 여러 가지 기적을 일으키셨지요. 예수님은 우리를 사랑하셔서 십자가에서 죽으셨고 사흘 만에 부활하셨어요. 복음으로 교회가 세워졌고, 예수님의 제자들은 편지로 복음을 전했어요. 예수님은 다시 오실 거예요. 이것이 바로 하나님의 구원 계획이랍니다.

색종이로 사슬을 만들어요 ✳

준비물 ▶ 색종이, 풀, 가위

❶ 색종이를 가늘고 길게 잘라 놓는다.
❷ 아이들에게 ❶을 이용해 고리를 만드는 방법을 시범으로 보여 준다.
❸ 첫 번째 고리에 ❶을 넣고 동그랗게 말아 풀로 고정해 사슬을 만든다. 아이들과 함께 긴 사슬을 만들어 본다.

인도자 지난 몇 주간 우리는 바울에 대해 배웠어요. 바울은 복음을 전하다 감옥에 갇혔어요. 그런데 빌립보 성도들에게 고난 속에서도 기뻐하라고 말했어요. 과연 바울의 기쁨은 어디서 생긴 것인지 궁금하네요. 오늘의 성경 이야기를 잘 들어 보세요.

기뻐하는 자화상을 그려요 ✳

준비물 ▶ 안전 거울, A4 용지, 색연필

❶ 아이들에게 안전 거울을 나누어 주고 거울을 보면서 기뻐하는 표정을 지어 보라고 말한다.
❷ A4 용지에 하나님 때문에 자신이 얼마나 기쁜지를 표현하는 자화상을 그려 보라고 한다.

인도자 바울에게는 기뻐할 수 없는 많은 이유가 있었어요. 심지어 바울은 감옥에 갇혀 있었거든요. 하지만 그는 기뻐했고, 빌립보 성도들에게도 기뻐하라고 편지를 써서 보냈어요. 오늘의 성경 이야기를 잘 듣고 바울이 기뻐한 이유를 찾아보세요.

예배 대형으로 모이기

- 카운트다운 영상, 모이기 노래 등을 활용해 예배 대형으로 바꾸고 마음을 준비하게 한다.
- 공간을 이동해야 한다면 기쁜 표정으로 폴짝폴짝 뛰며 가도록 한다.

가스펠 설교

하나 — 들어가기

흰색 전지에 'JOY'라는 영어 단어를 대문자로 크게 적어 둔다. 아이들에게 보여 주면서 'JOY'는 '기쁨'이라는 뜻을 가진 영어 단어라고 설명해 주고, 팔로 'JOY'의 각 스펠링을 만드는 시범을 보여 준다.

바울은 삶이 힘들고 어려울 때도 기뻐할 수 있다는 것을 빌립보 성도들이 이해하기를 바랐어요. 그래서 빌립보 성도들에게 편지를 썼어요. 빌립보서에는 바울이 빌립보라는 도시의 그리스도인들에게 쓴 편지의 내용이 들어 있어요. 바울이 예수님을 위해 사는 것보다 더 좋다고 생각한 일이 무엇인지 오늘의 성경 이야기를 잘 들어 보세요.

둘 — 성경 이야기

빌립보서 1장을 편다. 설교 영상(지도자용 팩)을 보여 주거나 이야기 성경을 들려준다.

성경은 세상에서 가장 중요한 책이에요. 하나님의 말씀이거든요. 우리가 성경에서 듣는 이야기는 모두 실제로 일어난 일이에요. 오늘의 성경 이야기는 신약성경 중에 '빌립보서'에 나와요.

셋 — 메시지와 정리

바울은 빌립보 성도들에게 어려움 속에서도 기뻐하라고 했어요. 바울은 어려움을 겪었지만, 하나님이 그를 사용하셔서 예수님에 관한 좋은 소식을 전하고 교회를 돕게 하셨어요. 바울은 예수님이 사람들을 죄에서 구원하기 위해 고난받으셨던 것처럼 하나님의 일을 하는 그리스도인들도 고난받을 것이라는 사실을 알고 있었어요.

연대표(지도자용 팩)를 가리키면서 복습 질문을 한다.

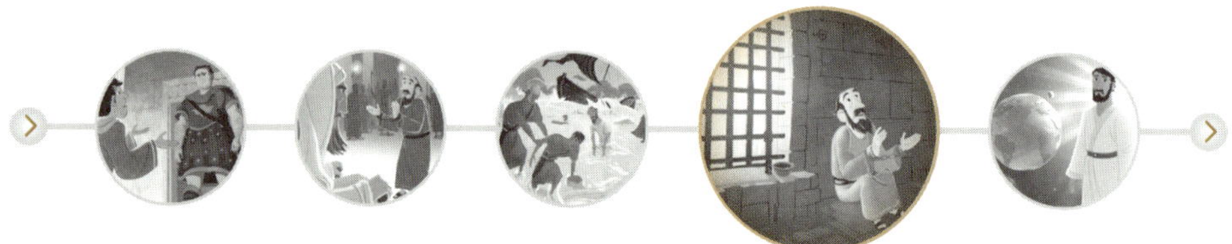

1. 바울이 감옥에 갇혀 있는 동안 누가 바울을 만나러 왔나요? 다른 그리스도인들
2. 바울은 어려움을 겪으면서도 왜 기뻐했나요? 자신에게 일어난 모든 일 때문에 더 많은 사람에게 예수님을 전할 수 있었기 때문에
3. 하나님은 바울을 비롯한 모든 그리스도인을 돕기 위해 누구를 보내셨나요? 성령 하나님
4. 바울은 그리스도인들에게 누구를 높이는 삶을 살라고 말했나요? 예수님

5. 하나님이 모든 그리스도인에게 주신 중요한 일은 무엇인가요? 예수님을 믿는 일, 예수
   님을 위해 고난받는 일, 다른 사람에게 예수님을 전하는 일

넷 — 성경의 초점

감옥에 갇히는 것은 기쁜 일이 아니에요. 하지만 바울은 하나님이 자신에게 사람들에게 예수님을 전할 기회를 주셨다는 것을 알았어요. **우리는 언제 예수님을 전해야 하나요? 언제나 어디서나 예수님을 전해야 해요.** 바울은 어려움을 겪었지만, 하나님이 그를 사용하셔서 예수님에 관한 좋은 소식을 전하고 교회를 돕게 하셨어요. 바울은 예수님이 사람들을 죄에서 구원하기 위해 고난받으셨던 것처럼 하나님의 일을 하는 그리스도인들도 고난받을 것이라는 사실을 알고 있었어요.

다섯 — 복음 초청

성경과 106쪽 복음 초청 가이드를 이용해서 아이들에게 그리스도인이 되는 법을 설명해 준다. 따로 상담해 줄 사람을 정해 주고 궁금한 점이 있으면 물어보도록 격려한다.
이 시간 예수님을 믿고 마음에 모시고 싶은 친구는 함께 기도해요.

여섯 — 기도

하나님, 바울은 감옥에 갇혔지만 하나님이 사람들에게 예수님을 전할 기회를 주신 것이라고 믿고 기뻐했어요. 바울에게 기쁨을 주신 하나님, 우리도 어떠한 상황에서든 복음을 전하며 기뻐하는 사람이 되고 싶어요. 우리에게 힘 주시는 예수님의 이름으로 기도합니다. 아멘.

일곱 — 암송송

성경에서 빌립보서 1장 21절을 펴고 큰 소리로 여러 번 따라 읽게 한다.
바울의 삶은 온통 예수님뿐이었어요. 그는 어디에 있든지 사람들에게 예수님에 관한 기쁜 소식인 복음을 전하고 싶어 했어요. 바울은 빌립보 성도들에게 "저는 살아도 예수님을 위해 사는 것이고, 예수님을 위해 죽는다 해도 예수님과 영원히 함께하게 될 것입니다"라고 말했어요.
암송송(166쪽)에 맞추어 손유희를 하며 말씀을 익힌다.
"이는 내게 사는 것이 그리스도니 죽는 것도 유익함이라"(빌 1:21).

가스펠
소그룹

말씀 놀이

바울은 감옥에서 편지를 썼어요

준비물 ▶ 유치부 교재 12쪽, 색연필

이야기 나누기

- 바울이 있는 이곳은 어디인가요?
- 바울은 지금 무엇을 하고 있나요?
- 감옥에 갇힌 바울의 마음은 어떠했나요?

❶ 바울은 감옥에 갇혀서도 빌립보 성도들에게 감사와 기쁨의 편지를 썼다고 이야기해 준다.

❷ 두 그림을 비교해 보고 다른 그림 7곳을 찾아 ○표 하라고 한다.

> **인도자** 바울은 감옥에 갇혔지만, 그곳 사람들에게 예수님이 우리를 죄에서 구원하려고 죽으셨다가 다시 살아나신 이야기를 전할 수 있어서 기뻤어요. 그는 삶이 끝나는 날 자신이 예수님과 영원히 함께하게 될 것이라는 사실도 알았어요. **바울은 빌립보 성도들에게 어려움 속에서도 기뻐하라고 했어요.** 그 이유 중 하나는 우리가 예수님과 영원히 함께할 수 있도록 예수님이 고난을 받으셨기 때문이에요.

기쁨의 찬양을 불러요 ＊

준비물 ▶ "주 예수 사랑 기쁨" 찬양 음원, 음원을 재생할 수 있는 도구(CD플레이어, 스마트폰 등)

❶ "주 예수 사랑 기쁨" 찬양을 들으면서 따라 부른다.

가사) "주 예수 사랑 기쁨 내 마음속에 내 마음속에 내 마음속에 / 주 예수 사랑 기쁨 내 마음속에 내 마음속에 있네 / 나는 기뻐요 정말 기뻐요 주 예수 사랑 기쁨 내 맘에 / 나는 기뻐요 정말 기뻐요 주 예수 사랑 기쁨 내 맘에."

❷ 찬양을 다 부르고 나면 자기 이름을 집어넣어 "○○야(아), 기뻐해!"라고 크게 외쳐 본다.

❸ 찬양이 익숙해지면 한 가지 율동을 정하고, 율동하며 찬양을 부르고 마지막에 ❷의 활동을 한다.

예) 손 머리 위로 올려 박수하기, 오른쪽 발만 쿵쿵거리기, 제기 차는 흉내내기, 양팔 쭉 뻗어 흔들기 등.

> **인도자** 바울은 예수님의 복음을 전하다가 감옥에 갇혔어요. 오늘날에도 예수님을 위해 살다 감옥에 가는 그리스도인들이 있어요. 예수님이 사람들을 죄에서 구원하기 위해 고난받으신 것처럼 하나님의 일을 하는 그리스도인들도 고난을 받아요. **바울이 빌**

립보 성도들에게 어려움 속에서도 기뻐하라고 했던 것처럼 우리도 어떤 어려움을
당할지라도 예수님을 전할 수 있다는 사실로 기뻐하게 해 달라고 기도해요.

손님을 맞이할 준비를 해요 ✱

❶ 음식 모형과 소꿉놀이를 준비한다.

❷ 아이들을 A팀과 B팀으로 나누고, A팀에게는 손님을 맞이할 준비를 하고 B팀에게는 잠시 기다렸다가 손님이
되어 집을 방문하라고 한다.

❸ 활동하기에 앞서 손님을 맞이하기 위해서는 무엇을 준비해야 하는지, 어떻게 친절하게 대해야 하는지 이야기
를 나누어 본다. 또한 손님의 경우 어떻게 초대에 감사해야 하는지도 나눈다.

❹ 아이들이 충분히 활동할 수 있도록 여유 있게 지도한다.

> **인도자** 바울은 집에 갇혀 있었지만 집에 손님이 찾아오는 것이 허락되었어요. 어떤 사람들
> 은 바울을 찾아와 이야기를 나누었고, 어떤 사람들은 선물을 보냈어요. 바울은 하나
> 님이 자신의 삶을 다스리고 계신다고 믿었어요. 하나님은 바울이 복음을 언제나 전
> 하기를 바라셨어요. **바울은 빌립보 성도들에게 어려움 속에서도 기뻐하라고 했어
> 요. 우리는 언제 예수님을 전해야 하나요? 언제나 어디서나 예수님을 전해야 해요.**

퍼즐을 만들고 맞춰요 ✱

❶ '퍼즐판' 자료(지도자용 팩)를 두꺼운 A4 용지에 프린트해 둔다.

❷ 아이들에게 ❶을 한 장씩 나누어 주고 친구와 무엇이든 함께하는 모
습을 그려 보라고 한다.

❸ 안전가위를 이용해 점선을 따라 오려서 퍼즐을 만들라고 한다.

❹ 아이들을 2명씩 짝을 짓고 서로의 퍼즐을 맞춰 보라고 한다.

❺ 퍼즐 조각을 지퍼백에 담아 집으로 가져갈 수 있도록 지도한다.

> **tip** 어떤 아이는 그림을 망치는 것 같아서 가위로 오리기를 싫어할 수
> 도 있다. 또 어떤 아이는 가위로 오리는 활동을 지나치게 좋아할 수 있다. 따라서 교사는 퍼즐을 만들 때 아이들
> 의 마음을 잘 살펴야 하고, 활동 자체보다는 성경 이야기에 집중할 수 있도록 유도해야 한다.

> **인도자** 바울은 어려움을 겪었지만, 하나님이 자신에게 기뻐하는 방법을 가르치고 계신다
> 는 것을 알았어요. **바울은 빌립보 성도들에게 어려움 속에서도 기뻐하라고 했어요.**
> 우리도 바울이 사람들에게 전했던 예수님에 관한 좋은 소식인 복음을 전할 수 있어
> **요. 우리는 언제 예수님을 전해야 하나요? 언제나 어디서나 예수님을 전해야 해요.**

소곤소곤 꿀~꺽 😊 **간식**

준비물 ▶ 껍질을 벗겨 먹는 얇고 길쭉한 과일 젤리

❶ 카운트다운 영상, 정리하기 노래 등을 활용해 활동이 끝났음을 알린다. 아이들에게 주변을 정리하게 하고, 화장실에 가거나 물티슈 등을 이용해 손을 씻을 시간을 준다.

❷ 감사 기도를 드리고 껍질을 벗겨 먹는 얇고 길쭉한 과일 젤리를 간식으로 나누어 준다. 먹기 전에 아이들에게 젤리를 구부려 '기쁨'을 의미하는 영어 단어 'JOY'를 만들어 보라고 한다. 바울은 빌립보 성도들에게 어려움 속에서도 기뻐하라고 말했다는 오늘의 주제를 강조한다.

❸ 간식을 먹은 후 마무리 정리를 잘하도록 지도한다.

오순도순 😊 **마무리**

준비물 ▶ 유치부 교재 39쪽 메시지 카드, 소그룹 활동지, 파일

❶ 이번 주 메시지 카드로 부모님과 함께 오늘 배운 성경 이야기를 나누어 보라고 한다.

가족과 활동해요

- 빌립보서 1장 21절을 외우고, 무슨 뜻인지 이야기해 보세요.
- 이번 주 동안 아침에 일어나면 가족끼리 "예수님 안에서 기쁜 하루를 보내세요"라고 인사하세요.
- 가족이나 이웃 중에 슬퍼하는 사람이 있다면 그를 기쁘게 해 줄 방법을 찾아 실천해 보세요.

❷ 나만의 기록장에 기록할 내용을 소개하고, 소그룹 활동지를 떼어 파일에 끼운 뒤 가방에 정리하게 한다.

❸ 아이들을 위해 기도한다.

> **인도자** 사랑의 하나님, 바울을 통해 힘든 일을 겪고 있을 때도 예수님을 전해서 기뻐할 수 있다는 사실을 알려 주셔서 감사해요. 우리도 예수님의 사랑을 전하다가 힘든 일을 겪을 수 있어요. 그때 예수님처럼 온 세상을 구원하는 일에 쓰임 받고 있다는 사실을 알고 기뻐할 수 있도록 도와주세요. 예수님의 이름으로 기도합니다. 아멘.

❹ 아이를 데리러 온 부모에게 아이가 특별히 즐거워했거나 잘했던 활동들에 대해 이야기해 주고, 가정에서 성경 읽기와 가족 활동을 진행할 수 있도록 격려한다.

 **나만의 기록장**

예수님을 전하는 나와 나를 보고 기뻐하시는 예수님 그리기

5

바울이 예수님에 관해 일깨워 주었어요

주제	바울은 예수님이 가장 중요한 분이시라고 말했어요.
예수님 생각하기	바울은 그리스도인들에게 예수님이 가장 중요한 분이시라는 점을 일깨워 주었어요. 예수님은 하나님의 아들이시고, 사람들을 죄에서 구원하기 위해 십자가에서 죽으셨어요. 이것이 우리에게 필요한 복음이에요.
단원 암송	빌 1:21
성경의 초점	우리는 언제 예수님을 전해야 하나요? 언제나 어디서나 예수님을 전해야 해요.

바울은 죄수의 신분으로 로마에 도착한 지 얼마 지나지 않아 골로새 교회에 편지를 썼습니다. 골로새 교회에 들어온 잘못된 가르침을 바로잡고 성도들이 올바른 삶을 살도록 격려하기 위해서였습니다. 예수 그리스도가 어떤 분이신지를 잘 설명해 놓은 골로새서 1장 15~20절에 집중해 봅시다.

예수님을 따른다는 것이 무슨 의미인지를 알기 위해 애쓰던 골로새 성도들에게 바울의 가르침은 중요했습니다. 그들은 복음을 깨닫고 무엇이 진리인지를 분별하기 위해 고군분투하고 있었습니다. 이것은 오늘날의 그리스도인들이 당면한 질문이기도 합니다. "예수님은 누구이신가? 복음은 무엇인가? 하나님과 나에 관한 진실은 무엇인가?"

●● 티칭 포인트

아이들에게 골로새 교회에 보낸 바울의 편지를 가르치기 전에, 기도로 성령님의 도우심을 구하십시오. 예수님이 높여지고 소중히 여겨지시도록 기도하십시오. 준비하는 동안 이 점을 계속해서 명심해야 합니다.

첫째, 예수님은 보이지 않는 하나님의 형상이십니다(골 1:15 참조).

하나님이 어떤 분이신지를 알고 싶다면 예수님을 보면 됩니다. 예수님의 삶과 가르침은 하나님에 관한 진실을 말해 줍니다. 예수님께는 하나님의 본성이 투영되어 있습니다(히 1:3 참조). 예수님은 "나를 본 자는 아버지를 보았다"라고 말씀하셨습니다(요 14:9).

둘째, 예수님은 창조자이십니다(골 1:16~17 참조).

예수님이 모든 것을 창조하셨고, 모든 것을 책임지십니다. 눈에 보이지 않는 것조차 말입니다! 예수님이 모든 것을 다스리고 유지하십니다. 예수님이 중심에 계시기 때문에 우리는 삶이 힘들 때도 예수님 안에서 위안을 얻을 수 있습니다.

셋째, 예수님은 왕이십니다(골 1:18 참조).

사실 우리는 하나님의 나라에 살고 있습니다. 하나님을 위해 살지 않고 자신을 위해 사는 것은 죄입니다. 죄는 왕에 대한 반역입니다. 우리는 죄 때문에 죽어야 하는 자들이지만 기쁜 소식, 즉 복음은 예수님이 죄인들을 구하러 오셨다고 말합니다.

바울은 예수님을 소중히 여겼습니다. 예수님은 누구보다도, 그 무엇보다도 뛰어나신 분이기 때문입니다. 예수님은 우리와 우리의 구원을 포함한 모든 것에 대한 권한을 가지고 계십니다. 예수님은 위대한 분이십니다. 예수님이 우리의 모든 것이 되십니다.

바울이 예수님에 관해 일깨워 주었어요

골 1:15~2:3

바울이 죄수가 되어 로마에 있는 동안, 사람들이 그를 찾아와 세계 곳곳의 그리스도인들과 교회의 소식을 전해 주었어요. 바울은 예전에 그 교회들에 가 본 적이 있기 때문에 그들에게 계속해서 예수님을 따르라고 편지를 썼어요.

바울은 골로새 교회에 편지를 썼어요. 골로새 성도들은 예수님에 관한 좋은 소식인 복음을 알고 있었어요. 그런데 그들에게 문제가 생겼어요. 거짓 선생들이 나타나 진실이 아닌 것을 가르친 거예요. 바울은 편지를 통해 예수님에 관한 진리를 다시 한번 일깨워 주었어요. 그는 편지에서 이렇게 말했어요.

"예수님은 하나님이 어떤 분이신지를 보여 주십니다. 하나님의 아들은 하나님이 이 세상을 창조하시기 전부터 하나님과 함께 계셨습니다. 그분이 하늘과 땅의 모든 것, 눈에 보이는 것과 보이지 않는 것, 이 모든 것을 창조하셨습니다. 모든 것이 그분을 위해 존재합니다. 예수님이 모든 것을 유지하십니다. 교회는, 이 세상의 모든 그리스도인은 예수님의 몸이고, 예수님은 교회의 머리이십니다. 하나님은 기꺼이 하나님의 아들을 이 땅에 보내 그분의 십자가의 피로 사람들을 죄에서 구원하셨습니다."

바울은 성도들에게 그들의 죄 때문에 그들이 하나님에게서 멀어졌다는 점을 떠올려 주었어요. 죄는 우리를 하나님의 원수로 만들어요. 하지만 하나님은 예수님을 통해 우리를 죄에서 구원하고 용서하세요.

또한 바울은 "이것이 복음입니다. 이것과 다른 복음이 따로 있다고 말하는 사람이 있다면 그는 거짓말을 하고 있는 것입니다. 힘을 내어 서로 사랑하십시오. 모든 지혜와 지식은 예수님 안에 있습니다"라고 말했어요.

●● 예수님 생각하기

바울은 그리스도인들에게 예수님이 가장 중요한 분이시라는 점을 일깨워 주었어요. 예수님은 하나님의 아들이시고, 사람들을 죄에서 구원하기 위해 십자가에서 죽으셨어요. 이것이 우리에게 필요한 복음이에요.

이야기 TIP

- **별을 보아요** : 손전등의 빛을 비추는 쪽에 검정색 종이를 붙이고 핀으로 종이에 구멍을 많이 뚫어 둔다. 예배실 조명을 어둡게 하고 이야기 성경을 들려주기 시작한다. 바울이 "하나님의 아들은 하나님이 이 세상을 창조하시기 전부터 하나님과 함께 계셨습니다"라고 말할 때 아이들의 기대감을 고조시킨다. 하나님이 모든 것을 창조하셨다고 말하면서 손전등을 켜서 별을 만들고 감상해 본다.
- **편지를 읽어요** : 이야기 성경을 프린트해 두루마리처럼 돌돌 말아 교사에게 맡긴다. 이야기 성경을 들려주는 중에 바울의 편지가 나올 때가 되면 두루마리 편지를 배달해 달라고 부탁한다. 편지를 펼치고 이야기 성경의 나머지 부분은 편지를 읽듯이 읽는다.

가스펠 준비

환영해요

"바울의 고백"(지도자용 팩)을 튼다. 아이들을 반갑게 맞이하며 헌금과 기도를 도와준다. 예배 중 헌금 순서가 있다면 아이들이 헌금을 잘 간수하도록 돕는다. 가방과 외투를 정리하도록 안내한다. 새로 온 아이가 있다면 음수대와 화장실의 위치를 알려 주고, 보호자와 만나는 시간과 방법 등을 소개한다. 보호자들을 위한 안내문을 붙여 아이와 만나는 시간, 기다리는 장소, 헌금 방법, 아이에 대한 특별한 주의 사항을 교사에게 미리 알려 달라는 당부 등을 공지한다.

마음 열기

주제와 관련 있는 퍼즐이나 블록 등 아이들이 좋아하는 장난감을 몇 가지 비치해 두고 다양한 활동을 하며 예배를 준비하도록 돕는다. 아이들이 마음을 열고 오늘의 주제에 관심을 갖게 하며 예배에 집중할 수 있도록 도와준다. 교회 형편에 맞게 시간과 활동 방법을 조절한다.

로마와 골로새 교회를 찾아보아요 ✱

준비물 ▶ 세계지도, '바울의 로마 여정 지도'(지도자용 팩)

❶ 세계지도를 보면서 우리나라를 찾아보고, 로마와 골로새 교회가 어디에 있을지 예상해 보게 한다.

❷ 세계지도에서 이스라엘과 이탈리아를 찾아보고, 도시 예루살렘과 로마를 찾아본다.

❸ '바울의 로마 여정 지도'(지도자용 팩)에서 골로새 교회의 위치를 찾아보고, 로마와 골로새 교회의 거리가 얼마나 먼지 살펴보게 한다.

인도자 바울은 골로새 성도들에게 편지를 썼어요. 그들은 지금 바울이 있는 로마에서 아주 멀리 살았어요. 바울은 그들이 하나님이 세상을 창조하시기 전부터 하나님의 아들이신 예수님이 계셨다는 사실을 기억하기를 바랐어요. **바울은** 예수님이 사람들을 죄에서 구원하기 위해 세상에 오셨기 때문에 **예수님이 가장 중요한 분이시라고 말했어요.**

"머리, 어깨, 무릎, 발" 동요를 불러요 ✱

❶ 아이들과 함께 "머리, 어깨, 무릎, 발" 동요를 부르며 율동을 한다. 가사나 율동을 잘 모르면 수업 전에 인터넷으로 찾아 익혀 둔다.

❷ 처음에는 속도를 천천히 하다가 아이들이 가사와 율동을 익히면 점점 빨리 한다. 속도에 변화를 주어 재미를 더한다.

> **인도자** 여러분은 몸의 어느 부분이 가장 중요하다고 생각하나요? 저는 머리가 가장 중요한 것 같아요. 머리에는 뇌가 들어 있어서 나머지 몸을 움직이게 하니까요. 오늘의 성경 이야기에서 바울은 예수님은 머리와 같고 그리스도인들은 몸과 같다고 말했어요. 바울이 예수님에 대해 또 무엇이라고 말했는지 오늘의 성경 이야기를 잘 들어 보세요.

예배 대형으로 모이기

- 카운트다운 영상, 모이기 노래 등을 활용해 예배 대형으로 바꾸고 마음을 준비하게 한다.
- 공간을 이동해야 한다면 손으로 십자가를 만들며 한 걸음씩 걸을 때마다 "예", "수", "님"이라고 말하며 가도록 한다.

가스펠 설교

하나 — 들어가기

아이들에게 "예수님은 어떤 분이신가요?"라고 묻고 아이들의 의견을 들어 본다. 필요하다면 조심스럽게 예수님에 대한 오해를 풀어 준다.

성경은 예수님에 관한 진리를 우리에게 말해 주어요. 오늘의 성경 이야기에서 어떤 거짓 선생들이 들어와서 골로새 성도들에게 예수님에 관해 거짓말을 했어요. 바울은 골로새 성도들에게 진리를 알려 주려고 편지를 썼어요.

둘 — 성경 이야기

골로새서 1~2장을 편다. 설교 영상(지도자용 팩)을 보여 주거나 이야기 성경을 들려준다.

성경은 진실한 책이에요. 하나님의 모든 말씀이 들어 있는 하나뿐인 책이지요. 오늘의 성경 이야기에 나오는 바울의 편지는 신약성경 중에서 '골로새서'에 있어요.

셋 — 메시지와 정리

바울은 예수님이 가장 중요한 분이시라고 말했어요. 예수님은 하나님의 아들이시고, 사람들을 죄에서 구원하기 위해 십자가에서 죽으셨어요. 이것이 우리에게 필요한 복음이에요. 우리에게는 예수님만 있으면 되어요.

연대표(지도자용 팩)를 가리키면서 복습 질문을 한다.

1. 골로새 성도들은 왜 복음에 관해 혼란스러워했나요? 거짓 선생들이 들어와서 예수님에 관해 거짓말을 했기 때문이다

2. 바울은 죄수의 신분으로 로마에 있으면서 어떻게 골로새 성도들에게 이야기했나요? 편지를 썼다

3. 바울은 누가 언제나 하나님과 함께하셨다고 말했나요? 하나님의 아들, 예수님

4. 하나님은 사람들을 죄에서 구원하려고 누구를 세상에 보내셨나요? 예수님

5. 바울은 교회의 머리가 누구이시라고 말했나요? 예수님

넷 ― 성경의 초점

예수님에 관한 좋은 소식인 복음은 세상에서 가장 중요한 소식이에요. 바울은 사람들이 이 좋은 소식을 바로 알기를 바랐어요. **우리는 언제 예수님을 전해야 하나요? 언제나 어디서나 예수님을 전해야 해요.** 우리는 기회가 있을 때마다 예수님에 관한 진리를 전해야 해요. 모든 사람이 죄에서 구원받기를 바라니까요!

다섯 ― 복음 초청

성경과 106쪽 복음 초청 가이드를 이용해서 아이들에게 그리스도인이 되는 법을 설명해 준다. 따로 상담해 줄 사람을 정해 주고 궁금한 점이 있으면 물어보도록 격려한다.

이 시간 예수님을 믿고 마음에 모시고 싶은 친구는 함께 기도해요.

여섯 ― 기도

사랑의 하나님, 골로새 성도들에게 쓴 바울의 편지를 통해서 예수님이 어떤 분이신지, 또 예수님이 얼마나 소중하신 분인지 알게 해 주셔서 감사드려요. 예수님을 통해서 하나님이 우리를 얼마나 사랑하시는지도 알게 되었어요. 우리도 온 세상이 하나님 아버지의 사랑을 알도록 언제나 예수님을 찬양하고 전하며 살래요. 우리에게 힘과 능력을 주세요. 예수님의 이름으로 기도합니다. 아멘.

일곱 ― 암송송

성경에서 빌립보서 1장 21절을 펴고 큰 소리로 여러 번 따라 읽게 한다.

여러분은 예수님 때문에 행복한가요? 저는 정말 행복해요. 예수님이 나와 함께 계시니 어려운 일도 잘 이겨 낼 수 있어요. 그리고 예수님과 함께 하나님 나라에서 영원히 살 것을 생각하면 더 행복하답니다. 바울도 예수님과 함께라면 사는 것도, 죽는 것도 행복하다고 고백했어요.

암송송(166쪽)에 맞추어 손유희를 하며 말씀을 익힌다.

"이는 내게 사는 것이 그리스도니 죽는 것도 유익함이라"(빌 1:21).

가스펠
소그룹

누구일까요?

준비물 ▶ 유치부 교재 14쪽, 색연필, 연필

단서 1 · '•' 모양의 칸을 색칠해 나타난 그림에서 힌트를 얻으세요.

예 수 님 은 가장 소중한 분이세요.

단서 2 다음 그림의 공통점은 무엇일까요? 선생님이 읽어 주시는 설명을 듣고 힌트를 얻으세요.

- 모든 것보다 먼저 계신 분
- 모든 것을 창조하신 분
- 하나님을 보여 주신 분
- 골 1:15~16

- 하나님께 가는 길
- 하나님과 화해하게 하신 분
- 구원자
- 요 14:6, 3:16; 골 1:20

- 모든 것을 다스리시는 분
- 모든 권세를 가지신 분
- 왕 중에 왕
- 마 28:18; 골 1:17; 계 19:16

이야기 나누기

- 바울은 감옥에 있으면서 어떻게 골로새 교회에 소식을 전했나요?
- 바울은 하나님이 우리를 구원하시기 위해 누구를 보내셨다고 말했나요?
- 예수님은 어떤 분이신가요?

❶ 바울이 편지를 통해 사람들에게 전하고 싶어 한 소중하신 분은 누구이신지 아이들에게 물어본다. 그분에 대한 단서가 2개 있는데, 단서를 풀어서 누구이신지 맞혀 보자고 한다.

❷ 단서 1 : '•' 모양이 있는 칸을 색칠해 나타난 그림에서 힌트를 얻으라고 한다.

❸ 단서 2 : 다음 그림의 공통점은 무엇인지 물어보고, 인도자가 읽어 주는 설명을 듣고 힌트를 얻으라고 한다. 아래 설명을 차례로 읽어 준다.

예) • 그림 1 : 모든 것보다 먼저 계신 분, 모든 것을 창조하신 분, 하나님을 보여 주신 분, 골 1:15~16

　　• 그림 2 : 하나님께 가는 길, 하나님과 화해하게 하신 분, 구원자, 요 14:6, 3:16; 골 1:20

　　• 그림 3 : 모든 것을 다스리시는 분, 모든 권세를 가지신 분, 왕 중에 왕, 마 28:18; 골 1:17; 계 19:16

인도자 십자가를 보면 누가 생각나나요? 맞아요, 예수님이세요! 오늘의 성경 이야기에서 바울은 골로새 성도들에게 편지를 썼어요. 골로새 성도들은 예수님에 관한 좋은 소식인 복음을 알았지만, 거짓 선생들이 들어와서 거짓말을 했어요. 바울은 편지를 통해 예수님이 어떤 분이신지, 예수님에 관한 진리를 다시 떠올려 주었어요. 바울은 골로새 성도들에게 "예수님이 하늘과 땅의 모든 것, 눈에 보이는 것과 보이지 않는 것, 이 모든 것을 창조하셨습니다"라고 말했어요. 그리고 예수님은 우리를 사랑해 죄에서 구원해 주기 위해 이 땅에 오신 것이라고 말했어요. 그래서 **바울은 예수님이 가장 중요한 분이시라고 말했어요.** 여러분에게 예수님은 어떤 분이신가요?

퍼즐을 맞춰요 ＊

❶ 173쪽 '예수님 이야기 퍼즐'(또는 지도자용 팩)을 아이들 수대로 복사한
뒤 퍼즐 모양으로 잘라 둔다. 한 장은 확인용으로 자르지 않고 둔다.

   tip 연령과 상황에 맞게 퍼즐 맞추기를 협동 활동으로 또는 개별 활동
으로 진행한다.

❷ 그림을 살펴보며 어떤 내용인지 간단하게 설명한다.

예) 예수님은 우리를 사랑하셔서 이 땅에 오셨다가 십자가에서 죽으시
고, 부활하시고, 승천하셨어요.

❸ ❶의 퍼즐 조각을 늘어놓고 아이들에게 퍼즐을 맞춰 보라고 한다.

   tip 완성된 그림인 ❷를 아이들이 잘 볼 수 있는 곳에 둔다.

인도자 성경은 하나님의 아들, 예수님에 관한 책이에요. 예수님이 주인공이시지요. 예수님
은 하나님이 세상을 창조하시기 전부터 하나님과 함께 계셨어요. 그분이 하늘과 땅
의 모든 것을 창조하셨어요. 이것이 우리가 사람들에게 전해야 하는 복음의 기쁜 소
식이에요. **우리는 언제 예수님을 전해야 하나요? 언제나 어디서나 예수님을 전해야
해요.**

투명 잉크로 비밀 메시지를 써요 ＊

❶ 아이들 수만큼 비밀 메시지 종이를 준비한다.

[비밀 메시지 종이 만들기]

• 컵에 베이킹 소다와 물을 1:1 비율로 넣고 섞는다.

• 면봉으로 위의 용액을 찍어 A4 용지에 십자가 모양을 그리고 30분 정도 잘 말려 둔다.

   tip 비밀 글씨 펜을 사용해도 좋다.

❷ 아이들에게 ❶과 붓을 하나씩 나누어 주고 컵에 포도 주스를 부어 둔다.

❸ 붓으로 포도 주스를 찍고 종이에 칠해 비밀 메시지를 찾아보라고 한다.

❹ 메시지가 밝혀지면, 이번에는 아이들이 직접 자신만의 비밀 메시지를 그려 보게 한다.

인도자 우리 눈에는 보이지 않았지만 비밀 메시지는 실제로 있었지요? 눈에 보이지 않는다
고 해서 없는 것은 아니랍니다. 바울은 골로새 성도들에게 "예수님이 하늘과 땅의
모든 것, 눈에 보이는 것과 보이지 않는 것, 이 모든 것을 창조하셨습니다"라고 말했
어요. **바울은 예수님이 가장 중요한 분이시라고 말했어요.** 예수님은 하나님의 아들
이시고, 사람들을 죄에서 구원하기 위해 십자가에서 죽으셨어요. 이것이 우리에게
필요한 복음이에요. 우리에게 가장 소중한 분은 예수님이에요.

예수님 이름을 꾸며요 ✳

❶ 두꺼운 A4 용지에 '예수님' 글자를 크게 쓰고 아이들의 수만큼 준비한다.

❷ '예수님' 글자를 따라서 반짝이 풀을 바르고, 그 위에 꾸미기 재료를 붙여 '예수님' 이름 꾸미기를 완성해 보라고 한다.

> tip 활동하는 동안 '예수님' 이름을 여러 번 말하게 한다.

인도자 '예수님'이 가장 중요해요. '예수님'이 가장 소중해요. 오늘의 성경 이야기에서 바울은 골로새 성도들이 예수님에 대해 잘못된 가르침을 배우고 있다는 사실을 알게 되었어요. 그래서 그들이 예수님이 누구신지를 바르게 알도록 그들에게 편지를 써야겠다고 생각했어요. **바울은 예수님이 가장 중요한 분이시라고 말했어요.** 왜냐하면 예수님은 하나님과 함께 하늘과 땅의 모든 것을 창조하셨고, 교회의 머리이시기 때문이에요. 바울은 이 사실을 골로새 성도들에게 다시 한번 떠올려 주었어요.

폴짝 뛰고 말해요 ✳

❶ 173쪽 '발자국' 그림(또는 지도자용 팩)을 A4 용지에 여러 장 복사한다.

❷ 예배실 바닥에 ❶을 이어 붙여 여러 방향의 길을 여러 패턴으로 만들어 둔다.

❸ 찬양을 틀고 리듬에 맞춰 다양한 방법으로 발자국을 따라가는 시범을 보이고 아이들이 따라 할 수 있도록 지도한다.

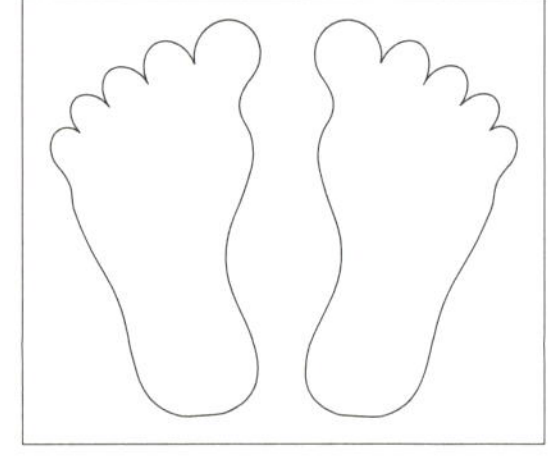

예) 발자국에서 발자국으로 뛰어가기, 발자국 사이를 뛰어가기, 발자국을 따라 뱅뱅 돌아서 오기, 1단원 '성경의 초점' 질문과 답 말하며 뛰기, "예", "수", "님" 한 글자씩 말하면서 뛰기 등.

인도자 우리는 누구의 발자국을 따라 걸어야 할까요? 바로 예수님의 발자국이에요. 우리는 예수님의 발자국을 따라 예수님처럼 살아야 해요. 바울은 예수님처럼 우리를 사랑할 수 있는 분은 아무도 없다는 것을 알았어요. **바울은 예수님이 가장 중요한 분이시라고 말했어요.** 예수님은 우리를 죄에서 구원하려고 십자가에서 죽으시고 다시 살아나셨어요. 예수님은 우리가 서로 사랑하기를 바라세요. 우리는 다른 사람에게 예수님에 관한 좋은 소식을 전하는 것으로 이웃 사랑을 표현할 수 있어요.

간식

❶ 카운트다운 영상, 정리하기 노래 등을 활용해 활동이 끝났음을 알린다. 아이들에게 주변을 정리하게 하고, 화장실에 가거나 물티슈 등을 이용해 손을 씻을 시간을 준다.

❷ 감사 기도를 드리고 별사탕과 건빵과 요구르트를 간식으로 나누어 준다. 간식을 먹으면서 하나님이 창조하신 세상에 관해 이야기를 나눈다. 예수님이 해, 달, 별 등의 창조에 함께하셨다는 사실을 떠올려 주고, 바울은 예수님에 대해 잘못된 가르침을 받고 있던 골로새 성도들에게 이 사실을 강조함으로써 예수님이 가장 중요한 분이시라고 말했다고 이야기해 준다.

❸ 간식을 먹은 후 마무리 정리를 잘하도록 지도한다.

마무리

❶ 이번 주 메시지 카드로 부모님과 함께 오늘 배운 성경 이야기를 나누어 보라고 한다.

가족과 활동해요

• "예수님이 가장 중요해요"라고 써서 집에서 가장 잘 보이는 곳에 붙이세요. 예수님이 가장 중요한 이유를 서로 이야기해 보세요. 골로새서 1장을 읽으세요. 메모판에 예수님이 소중한 이유를 쓰세요. 일주일 동안 이유를 추가하세요. 주말이 되면 친구를 초대해 메모판을 보여 주고, 혹시 더 쓰고 싶은 이유가 있는지 물어보세요.

❷ 나만의 기록장에 기록할 내용을 소개하고, 소그룹 활동지를 떼어 파일에 끼운 뒤 가방에 정리하게 한다.

❸ 아이들을 위해 기도한다.

> **인도자** 하나님, 세상에서 가장 좋은 선물이신 예수님을 우리에게 주셔서 감사해요. 예수님은 우리를 죄에서 구원하고 용서하시는 분이에요. 우리를 구원해 주신 예수님에 관한 기쁜 소식인 복음을 우리가 만나는 모든 사람에게 전할 수 있도록 도와주세요. 예수님의 이름으로 기도합니다. 아멘.

❹ 아이를 데리러 온 부모에게 아이가 특별히 즐거워했거나 잘했던 활동들에 대해 이야기해 주고, 가정에서 성경 읽기와 가족 활동을 진행할 수 있도록 격려한다.

2 단원

소망을 주시는 하나님

바울은 감옥에 있는 동안 여러 교회에 편지를 써서 어려운 상황 속에서도 소망을 가지라고 격려했습니다. 그리스도인이 소망을 가질 수 있는 이유는 언젠가 예수님이 그의 백성을 위해 다시 오실 것을 알기 때문입니다.

바울이
빌레몬에게
편지를 보냈어요

바울이
소망을
전했어요

베드로가
주님의 날을
기다리라고 했어요

유다가
믿음을 지키라고
말했어요

우주에서

카운트다운 영상(지도자용 팩)은 예배 대형으로 모이거나 대형을 바꾸며 준비할 시간을 알리는 데 활용한다. 익숙해질 때까지 중간에 남은 시간을 알리는 것도 좋다.

예) "1분 전입니다", "30초 전입니다. 마음을 가다듬고 기도하며 하나님께 나아갑시다" 등.

모든 성경은 하나님의 감동으로 된 것으로 교훈과 책망과 바르게 함과 의로 교육하기에 유익하니(딤후 3:16).

디모데후서 3:16

원곡 : 좋으신 하나님

작곡 : 미상
편곡 : 김효정

6

바울이 빌레몬에게 편지를 보냈어요

(몬 8~22)

주제	바울은 빌레몬에게 그의 종 오네시모를 용서하고 형제로 대해 달라고 부탁했어요.
예수님 생각하기	바울은 빌레몬에게 오네시모를 용서하고 예수님 안에서 한 형제로 대해 달라고 부탁했어요. 오네시모가 빚진 것이 있다면 대신 갚겠다고 했어요. 하나님과 사람을 화목하게 하신 예수님처럼 말이에요. 예수님은 우리가 영원히 하나님의 가족이 되게 하시려고 우리 죄를 대신 지고 십자가에서 죽으셨어요.
단원 암송	딤후 3:16~17
성경의 초점	우리는 다시 오실 예수님을 기다리며 어떻게 살아야 하나요? 진리를 기억하고, 믿음을 더욱 굳게 하며, 복음을 전해야 해요.

바울이 죄수의 신분으로 가택에 연금되어 있을 때 오네시모라는 사람이 찾아왔습니다. 오네시모는 빌레몬이라는 부자에게서 도망친 종입니다. 빌레몬은 바울의 친구였습니다. 오네시모가 바울이 전한 복음을 듣고 예수님을 믿게 되자, 바울은 빌레몬이 오네시모를 용서하고 서로 화해하기를 바랐습니다. 이제 둘은 그리스도 안에서 형제가 되었기 때문입니다.

바울은 빌레몬에게 편지를 써서 오네시모 편으로 보냈습니다. 빌레몬서는 바울이 빌레몬에게 쓴 편지입니다. 바울은 오네시모를 소중히 여기게 되어 그를 자기 곁에 두고 싶었지만, 편지와 함께 빌레몬에게 보냈습니다.

편지에서 바울은 빌레몬에게 오네시모를 용서하고 그를 그리스도 안에서 한 형제로 여길 것을 간곡히 부탁했습니다. 심지어 오네시모가 진 빚을 자기가 갚겠다는 제안까지 했습니다. 그는 사도의 권한으로 자신이 바라는 것을 빌레몬에게 강요할 수도 있었지만, 빌레몬이 바울에게 하듯이 사랑과 친절로 오네시모를 대하도록 친구이자 동역자로서 호소할 뿐이었습니다.

바울은 오네시모의 빚을 자기 앞으로 돌리며 오네시모와 빌레몬이 화해하도록 중재했습니다. 마치 하나님과 인간을 화목하게 하신 예수님처럼 말입니다. 예수님은 우리가 죄 때문에 받아야 하는 벌을 대신 받으셨습니다. 우리가 용서받고, 예수님의 형제와 자매로 하나님의 가족이 될 수 있도록 우리의 빚을 대신 갚으셨습니다(히 2:11 참조).

●● 티칭 포인트

바울의 편지를 보면서 우리는 모두 예수님 앞에서 평등하다는 사실을 다시 한번 떠올리게 됩니다. 한때 유대인 지도자였던 바울, 주인에게서 도망친 노예 오네시모, 그리고 이방인 노예의 주인 빌레몬. 이렇게 전혀 다른 배경을 지닌 사람들이 복음으로 하나 되어 예수 그리스도를 주님으로 섬기게 되었습니다. 우리를 향한 하나님의 사랑을 생각하면 우리도 하나님의 영광을 위해 그리스도 안에서 형제자매가 된 이들을 사랑하고, 친절하게 대하며, 용서하게 됩니다.

바울이 빌레몬에게 편지를 보냈어요

몬 8~22

오네시모는 종이었어요. 그는 주인 빌레몬에게서 도망쳤어요. 빌레몬은 바울의 친구였어요. 바울은 오네시모에게 예수님에 관한 기쁜 소식인 복음을 전했고, 오네시모는 예수님을 믿게 되었어요. 그는 바울을 도와주었어요.

바울은 오네시모가 자기 곁에 머물기를 바랐어요. 하지만 바울은 오네시모가 옳은 일을 해야 한다는 것을 알았어요. 주인인 빌레몬에게 돌아가 용서를 빌어야 했지요. 그래서 바울은 편지를 쓴 뒤 오네시모에게 그 편지를 들고 빌레몬에게 가라고 했어요. 편지의 내용은 이러해요.

"사랑하는 빌레몬, 당신을 사랑하기 때문에 이 편지를 씁니다. 저는 당신이 옳은 일을 하기를 바랍니다. 저는 이제 나이가 많고, 예수님을 전하다 감옥에 갇혔습니다. 이곳에서 오네시모를 만나 예수님을 전했더니 그가 믿게 되었습니다. 그가 내 곁에 있으면 좋겠지만, 먼저 당신의 허락을 받고 싶습니다.

오네시모는 이제 그리스도인입니다. 어쩌면 그가 잠시 당신을 떠난 것은 종이 아니라 형제가 되어 당신에게 돌아가기 위해서인지도 모릅니다. 그는 우리의 친구이자 그리스도 안에서 한 형제입니다. 부디 저를 맞이하듯 그를 맞아 주기를 바랍니다.

빌레몬, 당신이 제 말대로 해 주면 정말 기쁘겠습니다. 당신이 옳은 일을 할 줄 믿습니다. 제가 머물 곳을 준비해 주십시오. 하나님이 당신의 기도를 기억하셔서 우리가 곧 만나게 되기를 바랍니다."

●● 예수님 생각하기

바울은 빌레몬에게 오네시모를 용서하고 예수님 안에서 한 형제로 대해 달라고 부탁했어요. 오네시모가 빚진 것이 있다면 대신 갚겠다고 했어요. 하나님과 사람을 화목하게 하신 예수님처럼 말이에요. 예수님은 우리가 영원히 하나님의 가족이 되게 하시려고 우리 죄를 대신 지고 십자가에서 죽으셨어요.

이야기 TIP

- **인형을 사용해요** : 손 인형이나 작은 사람 모형을 사용해 빌레몬, 오네시모, 바울을 표현한다. 등장인물이 움직이거나 말을 할 때 해당 인형을 움직이면 된다.
- **그림을 사용해요** : 오네시모, 빌레몬, 바울 그림을 오린다. 빌레몬과 바울 그림을 예배실의 서로 다른 쪽 벽에 붙인다. 이야기 성경을 읽으면서 오네시모를 빌레몬에게서 바울에게로 옮겼다가 다시 빌레몬에게 옮긴다.

가스펠
준비

환영해요

"기다립니다"(지도용 팩)를 튼다. 아이들을 반갑게 맞이하며 헌금과 기도를 도와준다. 예배 중 헌금 순서가 있다면 아이들이 헌금을 잘 간수하도록 돕는다. 가방과 외투를 정리하도록 안내한다. 새로 온 아이가 있다면 음수대와 화장실의 위치를 알려 주고, 보호자와 만나는 시간과 방법 등을 소개한다. 보호자들을 위한 안내문을 붙여 아이와 만나는 시간, 기다리는 장소, 헌금 방법, 아이에 대한 특별한 주의 사항을 교사에게 미리 알려 달라는 당부 등을 공지한다.

마음 열기

주제와 관련 있는 퍼즐이나 블록 등 아이들이 좋아하는 장난감을 몇 가지 비치해 두고 다양한 활동을 하며 예배를 준비하도록 돕는다. 아이들이 마음을 열고 오늘의 주제에 관심을 갖게 하며 예배에 집중할 수 있도록 도와준다. 교회 형편에 맞게 시간과 활동 방법을 조절한다.

천적을 찾아요 *

준비물 ▶ '천적' 그림 자료(지도용 팩), 가위

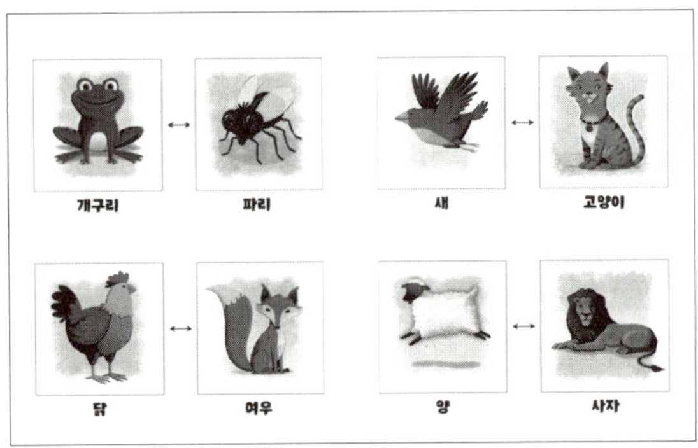

❶ '천적' 그림 자료(지도용 팩)를 프린트해 가위로 잘라 둔다.

❷ 그림이 보이도록 바둑판 모양으로 배열한 뒤 아이들이 관찰할 시간을 준다. 아이들에게 '천적'이란 쥐와 뱀, 쥐와 고양이처럼 약한 동물은 강한 동물에게 잡아먹히는데, 이때 강한 동물을 의미한다고 말해 준다.

❸ 천적 관계에 있는 것끼리 짝을 지을 수 있도록 도와준다.

> **인도자** 성경은 언젠가 원수가 친구가 되고, 심지어 이리가 어린 양과 함께 살며 젖 먹는 아이가 독사의 구멍에서 장난할 것이라고 말해요(사 11:6~8)! 오늘은 바울이 서로 사이

가 좋지 않은 자신의 두 친구가 화해하도록 도와준 이야기를 들어 볼 거예요. 어떻게 화해시키는지 잘 들어 보아요!

편지가 왔어요 ✱

❶ 편지 봉투에는 아이들의 이름을, 편지지에는 "하나님은 널 사랑해!"라고 적어 둔다. 3~4개 정도 준비한다.

❷ 아이들에게 하나님에게서 편지가 왔다고 이야기한다.

❸ 인도자가 5개의 힌트 문장을 말한 후 편지를 받을 친구를 맞혀 보라고 한다.

　예) "이 친구는… 하나님을 사랑해요. 머리카락이 길어요. 찬양을 가장 기쁘게 해요. ○○ 색깔의 옷을 입었어요. 가운데 이름이 ○예요" 등.

　`tip` 만약 아이들이 어려워하면 정답을 맞힐 때까지 구체적인 힌트를 더 준다.

❹ 아이들이 정답을 맞히면 편지 주인공에게 편지를 전달해 주고, 편지지를 꺼내면 내용을 읽어 준다.

> **인도자** 오늘의 성경 이야기에는 바울이 빌레몬에게 편지를 쓴 내용이 나와요. 편지의 내용이 무엇인지 우리 함께 잘 들어 보아요!

예배 대형으로 모이기

- 카운트다운 영상, 모이기 노래 등을 활용해 예배 대형으로 바꾸고 마음을 준비하게 한다.
- 공간을 이동해야 한다면 사자처럼 으르렁거리거나 양처럼 "매~" 소리를 내며 가도록 하다.

가스펠
설교

하나 — 들어가기

인도자가 잘못을 저지른 후 사과했더니 너그럽게 용서받은 경험을 아이들에게 들려준다. 이때 아이들의 나이에 적합한 이야기를 고르고, 상대방이 너그럽게 용서한 부분을 강조한다.

오늘의 성경 이야기에는 잘못을 저지르고 그 일을 바로잡아야 했던 한 사람이 나와요. 과연 무슨 일이 있었는지 이야기를 잘 들어 보세요.

둘 — 성경 이야기

빌레몬서를 편다. 설교 영상(지도자용 팩)을 보여 주거나 이야기 성경을 들려준다.

이 책이 무슨 책이지요? 성경이에요! 성경에는 누구의 말씀이 들어 있나요? 맞아요, 하나님의 말씀이에요! 성경은 모두 사실인가요? 그렇지요! 오늘의 성경 이야기는 바울이 빌레몬이라는 친구에게 쓴 편지예요. 이 이야기가 성경에 들어 있는 이유는 하나님이 바울을 통해 빌레몬에게 말씀하셨기 때문이에요. 신약성경 중에서 '빌레몬서'에 나온답니다.

셋 — 메시지와 정리

잠시만요! 오네시모는 종이었고 주인에게서 도망쳤는데, **바울은 빌레몬에게 그의 종 오네시모를 용서하고 형제로 대해 달라고 부탁했어요.** 예수님 안에서 한 형제처럼 대하라고 했지요. 정말 많이 용서하라고 부탁했군요! 바울은 지금 예수님처럼 행동하고 있는 거예요. 예수님은 하나님과 사람 사이에 평화를 이루려고 이 땅에 오셨어요. 예수님은 우리가 영원히 하나님의 가족이 되게 하시려고 우리 죄를 대신 지고 십자가에서 죽으셨어요. 하나님은 우리도 서로 용서하고 사랑하도록 도와주세요!

연대표(지도자용 팩)를 가리키면서 복습 질문을 한다.

1. 오늘의 성경 이야기에 나오는 편지는 누가 썼나요? 바울
2. 누구에게 쓴 편지인가요? 빌레몬
3. 주인에게서 도망쳤다가 용서를 구한 사람은 누구인가요? 오네시모
4. 오네시모에게는 어떤 변화가 있었나요? 바울을 통해 예수님을 믿고 그리스도인이 되었다

5. 하나님과 사람 사이에 평화를 이루시는 분은 누구이신가요? 예수님

넷 — 성경의 초점

앞으로 몇 주 동안 우리는 성경에 나오는 편지 몇 개를 살펴보면서 2단원 '성경의 초점' 질문의 답을 찾아볼 거예요. 질문은 **"우리는 다시 오실 예수님을 기다리며 어떻게 살아야 하나요?"**예요. 답은 **"진리를 기억하고, 믿음을 더욱 굳게 하며, 복음을 전해야 해요"**랍니다. 바울은 예수님을 따르는 사람이었어요. 그는 오네시모와 빌레몬에게도 예수님을 어떻게 따라야 하는지를 알려 주었어요. 바울은 빌레몬에게 예수님이 우리를 용서하신 것처럼 그의 종을 용서하라고 말했어요.

다섯 — 복음 초청

성경과 106쪽 복음 초청 가이드를 이용해서 아이들에게 그리스도인이 되는 법을 설명해 준다. 따로 상담해 줄 사람을 정해 주고 궁금한 점이 있으면 물어보도록 격려한다.

이 시간 예수님을 믿고 마음에 모시고 싶은 친구는 함께 기도해요.

여섯 — 기도

하나님, 빌레몬에게 잘못한 그의 종 오네시모를 예수님의 사랑으로 용서해 주라고 한 바울의 편지를 읽게 해 주셔서 감사드려요. 저도 저에게 잘못했거나 저를 화나게 한 친구들을 용서하기 힘들 때가 있어요. 그때마다 예수님을 보내셔서 우리의 죄를 용서해 주신 하나님 아버지의 사랑을 기억하며 용서하고 사랑하며 살고 싶어요. 성령님, 도와주세요. 예수님의 이름으로 기도합니다. 아멘.

일곱 — 암송송

성경에서 디모데후서 3장 16절을 펴고 큰 소리로 여러 번 따라 읽게 한다.

2단원 암송 구절은 모든 성경이 하나님에게서 난 것이라고 말하고 있어요! 오늘 우리는 바울이 그의 친구들 사이에서 어떻게 평화를 이루었는지에 대해 살펴보았어요. 바울은 예수님을 따라 한 거예요. 예수님도 하나님과 사람 사이에 평화를 이루셨거든요.

암송송(167쪽)에 맞추어 손유희를 하며 말씀을 익힌다.

"모든 성경은 하나님의 감동으로 된 것으로 교훈과 책망과 바르게 함과 의로 교육하기에 유익하니"(딤후 3:16).

가스펠 소그룹

종에서 형제가 되었어요

준비물 ▶ 유치부 교재 16쪽, 33쪽 '오네시모' 인형, 빨대 조각, 줄(30cm), 셀로판테이프

이야기 나누기
- 빌레몬과 오네시모는 어떤 관계였나요?
- 바울은 빌레몬에게 어떤 내용의 편지를 썼나요?
- 바울이 오네시모 대신 빚을 갚아 주겠다고 한 모습에서 생각나는 분이 있나요?

❶ 아이들에게 오늘의 성경 이야기를 떠올려 주며 "오네시모는 종이었는데 주인인 빌레몬에게서 도망을 쳤어요. 하지만 바울을 만난 후 빌레몬에게 용서를 구하러 돌아갔지요"라고 말해 준다. 오네시모가 바울을 만나고, 다시 빌레몬에게 무사히 도착할 수 있도록 길을 찾아 주자고 한다.

❷ 33쪽 '오네시모' 인형을 떼어 셀로판테이프를 이용해 빨대 조각을 붙인 후 빨대 조각에 30cm 길이의 줄을 끼우고 밑면을 붙인다.

❸ ❷의 줄의 양끝을 '빌레몬의 집'과 '바울'에 각각 붙이고 오네시모가 길을 따라 바울에게 도망치게 한다.

❹ "오네시모가 예수님을 믿게 되었어요"라고 외치게 한 뒤, 편지를 든 오네시모의 모습이 보이도록 인형을 눕혀 잡고 빌레몬에게 돌려보내게 한다.

❺ 종이었던 오네시모가 바울을 만나 어떻게 변화되었는지 이야기를 나누고 마무리한다.

인도자 **바울은 빌레몬에게 그의 종 오네시모를 용서하고 형제로 대해 달라고 부탁했어요.** 왜냐하면 오네시모는 빌레몬에게서 도망간 종이었지만 예수님을 믿게 되었기 때문이에요. 바울은 빌레몬에게 오네시모를 용서하고 예수님 안에서 한 형제로 대해 달라고 부탁했어요. 오네시모가 빚진 것이 있다면 대신 갚겠다고 했어요. 하나님과 사람을 화목하게 하신 예수님처럼 말이에요. 예수님은 우리가 영원히 하나님의 가족이 되게 하시려고 우리 죄를 대신 지고 십자가에서 죽으셨어요.

용서의 편지를 전해요 *

❶ 아이들에게 자신이 누군가에게 불순종한 일이나 다른 사람을 속상하게 한
일이 있는지 생각해 보라고 한다.

❷ '두루마리 편지지'(지도자용 팩)를 나누어 주고 양쪽 끝에 수수깡을 놓고 끝부
분을 살짝 말아 셀로판테이프로 붙여 '두루마리 편지지'를 완성하게 한다.

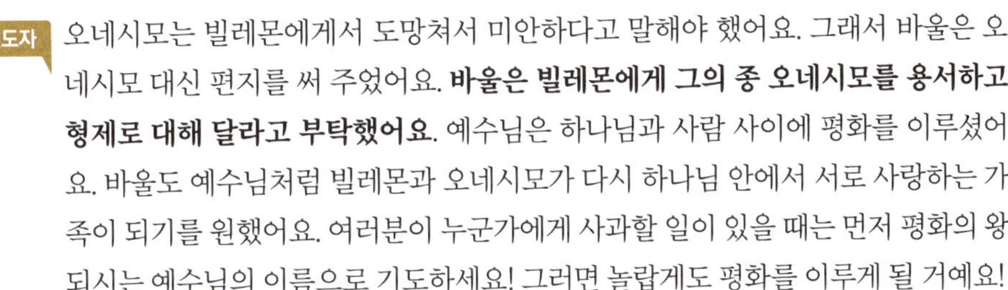

❸ 용서를 구해야 할 사람을 한 명 정하고, 용서를 구하는 그림을 자유롭게 그
리고 꾸미라고 한다.

❹ 인도자가 ❸에 사과하는 말을 아이 대신 써 주고 아이와 함께 기도한다.

예) "하나님, 제가 ○○에게 잘못해서 속상하게 했어요. 용서를 구합니다. 제가 이 용서의 편지지를 전해 줄 때 ○○가
너그러운 마음으로 용서해 줄 수 있도록 하나님이 도와주세요. 평화의 왕 되시는 예수님의 이름으로 기도합니다.
아멘."

❺ 용서의 편지를 꼭 전해 주기로 약속하고 활동을 마무리한다.

인도자 오네시모는 빌레몬에게서 도망쳐서 미안하다고 말해야 했어요. 그래서 바울은 오
네시모 대신 편지를 써 주었어요. **바울은 빌레몬에게 그의 종 오네시모를 용서하고
형제로 대해 달라고 부탁했어요.** 예수님은 하나님과 사람 사이에 평화를 이루셨어
요. 바울도 예수님처럼 빌레몬과 오네시모가 다시 하나님 안에서 서로 사랑하는 가
족이 되기를 원했어요. 여러분이 누군가에게 사과할 일이 있을 때는 먼저 평화의 왕
되시는 예수님의 이름으로 기도하세요! 그러면 놀랍게도 평화를 이루게 될 거예요!

찢어짐을 아름다움으로 변화시켜요 *

❶ 투명 시트지를 하트 모양으로 잘라 '예수님의 마음'을 만든 후 아이들에게
한 장씩 나눠 준다.

❷ '예수님의 마음'의 접착 부분을 떼고, 여러 색깔의 습자지를 손으로 찢어서
붙이게 한다.

❸ '예수님의 마음'보다 조금 큰 사각형으로 자른 투명 시트지로 ❷의 위를 덮
은 후 ❶의 하트 모양으로 자르고 그 위에 유성 사인펜으로 6과의 주제를
써 준다.

인도자 오네시모는 빌레몬에게서 도망쳤어요. 그것은 잘못된 행동이에요. 잘못을 저지르
는 것은 종이를 찢는 것과 같아요. 찢어진 종이를 셀로판테이프로 붙일 수는 있지
만, 찢어진 흔적은 남지요. 그러나 하나님은 우리의 찢어짐을 가지고 아름다운 그림
을 만드실 수 있어요! 예수님을 믿는 믿음으로 가능해요. **바울은 빌레몬에게 그의
종 오네시모를 용서하고 형제로 대해 달라고 부탁했어요.** 오네시모가 도망친 것은

분명히 잘못이었지만, 그는 예수님을 믿고 죄를 용서받아 하나님의 가족이 될 수 있었어요!

tip 아이들이 만든 '예수님의 마음'을 모아 모빌을 만들어 예배실을 장식해도 좋다.

깨끗하게 변화되었어요! *

준비물 ▶ 낡고 더러운 동전, 케첩, 헌 칫솔, 납작한 그릇, 휴지, 물티슈, 일회용 장갑

❶ 낡고 더러운 동전을 납작한 그릇에 담고 케첩을 조금 짠다.
❷ 아이들에게 헌 칫솔을 나누어 주고 일회용 장갑을 낀 후, 케첩을 칫솔에 묻혀 동전을 닦으라고 한다.
❸ 휴지로 동전을 깨끗하게 닦는다.
❹ 일회용 장갑을 벗고 물티슈로 손과 동전을 닦고 마무리한다.

> 인도자 우와! 낡고 더러운 동전을 케첩으로 닦았더니 정말 깨끗하게 변했군요! 사람의 마음도 예수님을 만나면 변화되어요. **바울은 빌레몬에게 그의 종 오네시모를 용서하고 형제로 대해 달라고 부탁했어요.** 예수님이 두 사람 모두 용서하셨기 때문이에요. 이제 빌레몬과 오네시모는 이 동전이 빛나는 것처럼 하나님의 사랑으로 빛나게 되었어요!

하나님의 가족이 되어요 *

준비물 ▶ 빨간색 시트지, A4 용지, 젤리

❶ 빨간색 시트지를 이용해 아이들 수만큼 십자가를 만들고 A4 용지에 붙여 '사랑의 편지'를 만들어 둔다.
❷ 예배실 한쪽을 '빌레몬의 집'이라고 한 후 아이들을 그 앞에 모여 앉힌다.
❸ 인도자가 '바울'이 되어 '빌레몬의 집' 반대편에 '사랑의 편지'를 들고 준비한다.
❹ 아이들이 2명씩 짝을 지어 '바울'에게 달려가면 '바울'이 '사랑의 편지'를 한 장 건네 주고, '사랑의 편지'를 받은 아이들은 다시 '빌레몬의 집'으로 돌아간다.
❺ 모든 아이가 '사랑의 편지'를 받고 돌아오면 다 같이 큰 소리로 "우리는 하나님의 가족!"이라고 외친다. 이때 인도자는 하나님의 가족이 된 아이들에게 다가와 젤리를 나눠 주며 환영한다.

> 인도자 **바울은 빌레몬에게 그의 종 오네시모를 용서하고 형제로 대해 달라고 부탁했어요.** 그는 자신의 친구들 사이에 평화를 이루려고 했어요. 바울은 지금 예수님처럼 행동하고 있는 거예요. 예수님은 하나님과 사람 사이에 평화를 이루려고 이 땅에 오셨어요. 예수님은 우리가 영원히 하나님의 가족이 되게 하시려고 우리 죄를 대신 지고 십자가에서 죽으셨어요.

준비물 ▶ 사과, 과도, 도마, 포크, 접시

❶ 카운트다운 영상, 정리하기 노래 등을 활용해 활동이 끝났음을 알린다. 아이들에게 주변을 정리하게 하고, 화장실에 가거나 물티슈 등을 이용해 손을 씻을 시간을 준다.

❷ 감사 기도를 드리고 사과를 다양한 방법(깍두기 모양, 토끼 모양, 껍질 깎은 모양, 껍질 안 깎은 모양, 씨가 보이도록 납작하게 썰기 등)으로 잘라 간식으로 나누어 준다. 오늘의 성경 이야기에서 바울은 빌레몬에게 그의 종을 용서하라고, 오네시모의 사과를 받아 달라고 부탁했다고 이야기한다. 바울이 오네시모가 진 빚을 대신 갚아 주겠다고 했던 것처럼, 예수님이 우리의 죗값을 대신 갚아 주셨던 것을 기억하며 우리도 서로 용서하자고 이야기한다.

❸ 간식을 먹은 후 마무리 정리를 잘하도록 지도한다.

오순도순 😄 ___ **마무리**

준비물 ▶ 유치부 교재 39쪽 메시지 카드, 소그룹 활동지, 파일

❶ 이번 주 메시지 카드로 부모님과 함께 오늘 배운 성경 이야기를 나누어 보라고 한다.

가족과 활동해요

- 전 세계의 그리스도 안에서 형제, 자매 된 사람들을 위해 기도하세요.
- 우리 가족과 다른 문화적, 사회적 배경을 가진 그리스도인을 초대해 함께 식사하는 시간을 가지세요. 예수님이 우리를 형제와 자매로 만드신 일에 대해 이야기를 나누세요.

❷ 나만의 기록장에 기록할 내용을 소개하고, 소그룹 활동지를 떼어 파일에 끼운 뒤 가방에 정리하게 한다.

❸ 아이들을 위해 기도한다.

> **인도자** 언제나 우리를 사랑해 주시는 하나님, 우리는 가끔 다른 사람에게 미안하다고 말하거나, 우리를 속상하게 하는 사람을 용서하기가 힘들어요. 하지만 하나님은 예수님을 보내 주시고 예수님을 믿는 사람은 누구나 죄를 용서해 주셨어요. 하나님, 우리를 용서해 주셔서 감사해요. 우리도 예수님을 닮아 다른 사람을 용서할 수 있도록 도와주세요. 예수님의 이름으로 기도합니다. 아멘.

❹ 아이를 데리러 온 부모에게 아이가 특별히 즐거워했거나 잘했던 활동들에 대해 이야기해 주고, 가정에서 성경 읽기와 가족 활동을 진행할 수 있도록 격려한다.

✏️ **나만의 기록장**

회해한 친구와 함께 교회에 있는 내 모습 그리기

바울의 전도 여행과 서신서

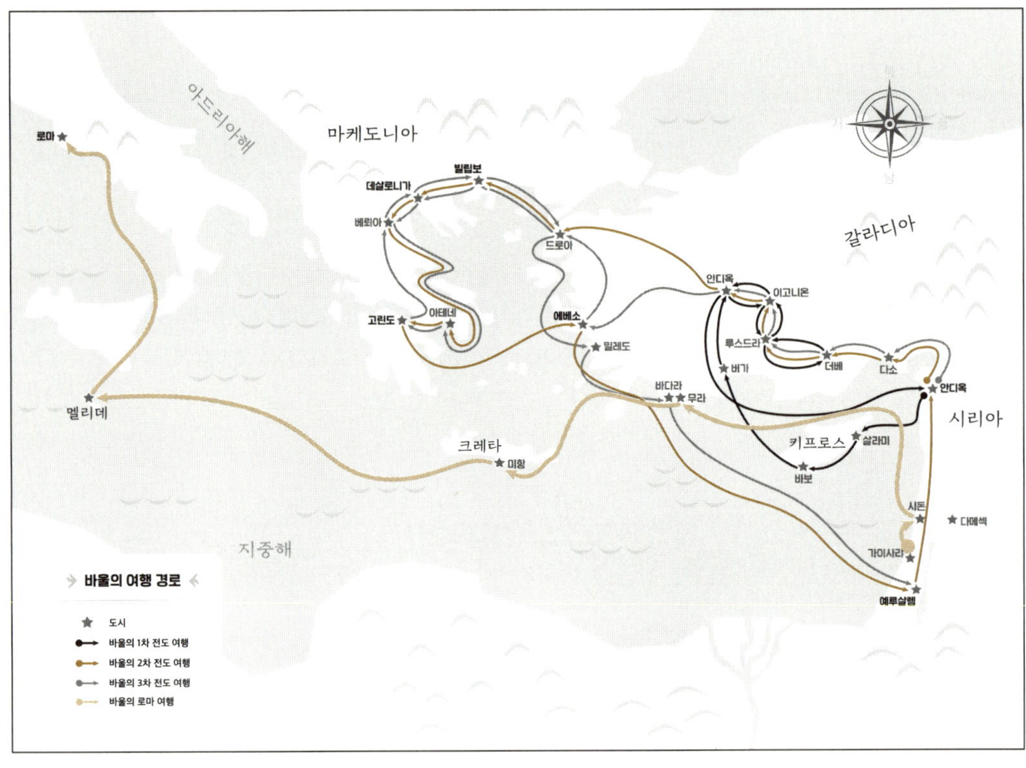

• 바울의 전도 여행

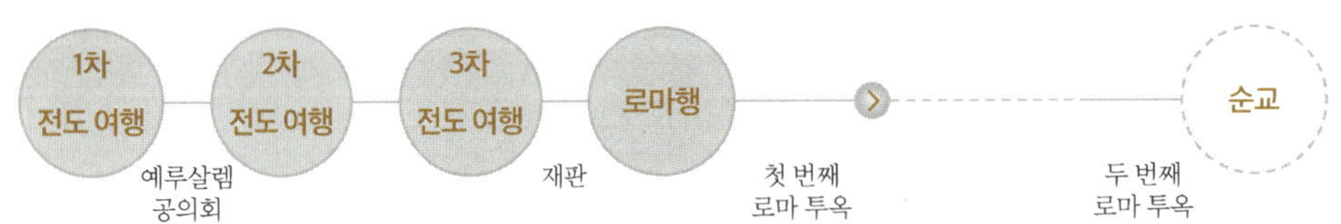

• 바울의 편지

전도 여행 중에 쓴 편지		로마 감옥에서 쓴 편지	감옥에서 풀려난 후에 쓴 편지	
갈라디아서	데살로니가전서	고린도전서	에베소서	디모데전서	디모데후서

갈라디아서　데살로니가전서　고린도전서　　에베소서　　디모데전서　디모데후서

데살로니가후서　고린도후서　　골로새서　　디도서

갈라디아서　　빌레몬서

로마서　　빌립보서

• 다른 사도들의 편지

야고보서(?)

베드로전서　　요한일서

베드로후서　　요한이서

요한삼서

유다서

히브리서

7 바울이 소망을 전했어요

[살전 4:13~5:11]

주제	바울은 어려움을 만난 그리스도인들에게 힘을 내라고 했어요.
예수님 생각하기	구약성경의 선지자들은 하나님이 세상을 심판하시고 하나님의 백성을 구원하시는 날에 대해 말했어요. 바울은 미래에 예수님이 자기 백성을 위해 다시 오셔서 악한 자를 심판하실 것이라고 말했어요. 그리스도인은 예수님이 다시 오실 것을 알기 때문에 소망을 품고 살 수 있어요.
단원 암송	딤후 3:16
성경의 초점	우리는 다시 오실 예수님을 기다리며 어떻게 살아야 하나요? 진리를 기억하고, 믿음을 더욱 굳게 하며, 복음을 전해야 해요.

미래를 알 수 있다면 인생이 어떻게 바뀔까요? 날씨나 야구 경기 결과를 정확하게 예측할 수 있다면요? 인생이 어떻게 끝날지 안다면 오늘 하루를 다르게 살게 될까요? 세상을 향한 하나님의 계획이라는 넓은 시각에서 보면, 우리는 다가올 미래를 알고 있습니다. 하나님은 말씀을 통해 인류를 위한 계획의 결말을 알려 주십니다.

데살로니가전서에서 바울은 미래에 대한 내용을 기록해 박해받는 그리스도인들에게 용기를 북돋워 주고자 했습니다. 당시 그리스도인들이 품었던 소망은 현재 우리가 가진 것과 같습니다. 최후의 부활과 예수님의 재림, 그리고 세상의 심판을 고대하는 것이지요.

주후 50년경, 데살로니가라는 도시는 우상과 그리스 로마의 신, 심지어 로마의 황제를 숭배하는 사람들로 가득했습니다. 바울이 그곳에 교회를 세우자 곧 핍박이 닥쳤고, 바울은 그곳을 떠나야만 했습니다. 데살로니가에 돌아갈 수는 없었지만 여전히 바울은 아직 어린아이와 같은 데살로니가 교회를 사랑하고 걱정했습니다. 그래서 디모데를 보내 성도들을 돌보게 했습니다.

디모데는 좋은 소식을 가지고 돌아왔습니다. 성도들은 핍박으로 고통받으면서도 믿음을 단단히 붙들고 있었습니다. 교리적인 면에서, 특히 예수님의 재림에 대해 몇 가지 오해가 있었지만 그들은 여전히 힘써 주님을 섬겼습니다. 바울은 성도들을 격려하고, 그리스도인이 죽으면 어떻게 되는지 알려 주고, 장차 일어날 일에 대한 오해를 바로잡기 위해 편지를 썼습니다.

바울이 가장 중점을 둔 것은 아마 예수님의 재림에 관한 부분이었을 것입니다. 그는 예수님이 다시 오시는 날에 성도들이 고통에서 벗어날 것이라고 말했습니다. 주님의 날이 이르면 예수님이 자기 백성을 위해 다시 오셔서 악한 자들을 심판하실 것입니다. 그 약속은 오늘을 사는 우리에게도 여전히 유효합니다.

● ● 티칭 포인트

바울의 편지는 성도들에게 소망을 주었습니다. 우리가 성경에서 발견하는 소망은 단지 어떤 일이 일어나기를 막연히 바라는 것보다 훨씬 강력합니다. 말씀에 근거를 둔 소망은 확신을 가지고 기대하게 합니다. 우리는 하나님이 신실하고 진실하신 분이라는 사실을 알기 때문입니다.

바울이 소망을 전했어요

살전 4:13~5:11

바울은 데살로니가라는 도시로 갔어요. 그곳 사람들은 우상을 숭배했어요. 우상이란 하나님이 아닌 것들을 마치 하나님처럼 섬기는 것을 말해요. 어떤 사람들은 로마의 황제를 숭배하기도 했어요. 바울이 예수님에 관한 기쁜 소식인 복음을 전하자 많은 사람이 예수님을 믿게 되었어요. 바울은 데살로니가에 교회를 세웠어요. 하지만 바울과 그가 예수님에 관해 가르치는 것을 싫어하는 사람들이 그를 도시에서 쫓아냈어요.

바울은 데살로니가 성도들이 걱정되었어요. 예수님을 믿은 지 얼마 되지 않았기 때문이에요. 그래서 바울은 제자 디모데를 데살로니가로 보냈어요. 디모데는 좋은 소식을 가져왔어요. 예수님을 따르는 일이 쉽지 않았지만 데살로니가 성도들이 포기하지 않고 믿음을 지키고 있다는 소식이었어요.

바울은 편지를 써서 데살로니가 성도들에게 용기를 북돋워 주었어요. 그는 언젠가 예수님이 다시 오실 것이라고 말했어요. 예수님이 다시 오시는 날, 성도들은 더 이상 고난을 당하지 않을 거예요! 바울의 편지를 읽은 사람들은 소망을 갖게 되었어요.

바울은 이렇게 편지를 썼어요. "데살로니가 성도 여러분, 우리는 여러분이 진리가 무엇인지 알기를 바랍니다. 우리는 예수님이 죽으셨고 다시 살아나셨다는 것을 믿습니다." 그리스도인이 죽으면 예수님이 데려가셔서 예수님과 함께하게 되어요. 예수님이 다시 오실 때 이미 죽은 그리스도인들과 우리는 모두 예수님과 영원히 함께하게 될 거예요.

바울은 "예수님이 언제 오실지는 아무도 모릅니다. 그러므로 모두 준비하고 있어야 합니다"라고 말했어요.

◆ 이야기 TIP ◆

- **수화로 '예수님'을 가르쳐 주세요** : 이야기 성경을 시작하기 전에 수화로 '예수님'을 어떻게 말하는지 가르쳐 준다. 한 손의 가운뎃손가락 끝을 반대편 손바닥에 가볍게 대고, 반대로 동작을 반복한다. 아이들에게 이야기 성경을 듣다가 '예수님'이라는 단어가 나오면 조용히 수화를 하라고 한다.

- **상호작용을 해요** : 많은 데살로니가 사람들이 예수님을 믿게 되었고 바울이 교회를 세웠다는 부분에서 아이들 사이를 걸어 다니면서 성경을 나눠 주고 머리 위로 높이 들라고 한다. 바울이 도시를 떠나는 장면에서는 돌아서 앞으로 간다. 교사에게 '디모데' 역할을 맡기고, 아이들 사이로 보낸다. '디모데'는 인도자가 이야기 성경의 나머지 부분을 읽는 동안 "포기하지 마세요"라고 하면서 아이들이 성경을 머리 위로 높이 들고 있도록 격려한다.

- **설교의 배경을 이해하도록 도와주어요** : 예수님을 믿는 데살로니가 성도들에게 핍박을 이겨 내고 인내할 수 있도록 소망이 필요하다는 것을 아이들이 이해할 수 있도록, 예수님을 믿는 믿음 때문에 고통받고 있는 선교지를 소개해 준다(예를 들어, 북한이나 이슬람 국가들).

구약성경의 선지자들은 하나님이 세상을 심판하시고 하나님의 백성을 구원하시는 날에 대해 말했어요. 바울은 미래에 예수님이 자기 백성을 위해 다시 오셔서 악한 자를 심판하실 것이라고 말했어요. 그리스도인은 예수님이 다시 오실 것을 알기 때문에 소망을 품고 살 수 있어요.

가스펠 준비

싱글벙글 ── 😊 **환영해요**

"기다립니다"(지도자용 팩)를 튼다. 아이들을 반갑게 맞이하며 헌금과 기도를 도와준다. 예배 중 헌금 순서가 있다면 아이들이 헌금을 잘 간수하도록 돕는다. 가방과 외투를 정리하도록 안내한다. 새로 온 아이가 있다면 음수대와 화장실의 위치를 알려 주고, 보호자와 만나는 시간과 방법 등을 소개한다. 보호자들을 위한 안내문을 붙여 아이와 만나는 시간, 기다리는 장소, 헌금 방법, 아이에 대한 특별한 주의 사항을 교사에게 미리 알려 달라는 당부 등을 공지한다.

너랑 나랑 ── 😊 **마음 열기**

주제와 관련 있는 퍼즐이나 블록 등 아이들이 좋아하는 장난감을 몇 가지 비치해 두고 다양한 활동을 하며 예배를 준비하도록 돕는다. 아이들이 마음을 열고 오늘의 주제에 관심을 갖게 하며 예배에 집중할 수 있도록 도와준다. 교회 형편에 맞게 시간과 활동 방법을 조절한다.

예수님을 따라요 *

준비물 ▶ '예수님을 따르는 삶' 그림(지도자용 팩), 색연필

❶ '예수님을 따르는 삶' 그림(지도자용팩)을 아이들 수만큼 프린트해 둔다.

❷ 아이들에게 ❶을 한 장씩 나눠 주고 예수님을 믿고 따르는 것처럼 보이는 사람에게 ○표 하게 한다.

❸ 예수님을 믿고 따르는 것 같지 않은 사람에게 X표 하고 그 이유를 물어본다.

> **인도자** 우리는 다시 오실 예수님을 기다리며 어떻게 살아야 하나요? 진리를 기억하고, 믿음을 더욱 굳게 하며, 복

음을 전해야 해요. 친구들이 ○표 한 사람들처럼, 예수님을 믿고 따르면서 다시 오실 예수님을 기다려요!

소망 점프를 해요 ✳

❶ 아이들을 쪼그려 앉게 한 뒤, 인도자가 소망하는 것을 말할 때 아이들도 똑같이 바란다면 제자리에서 점프하라고 한다.

> `tip` 자원하는 아이에게 인도자의 역할을 맡겨 소망을 말하게 해도 좋다.

예) "저녁식사 시간에 고기를 먹고 싶어요", "놀이터에서 친구랑 놀고 싶어요", "놀이동산에 가고 싶어요", "아이스크림을 먹고 싶어요", "동화책을 읽고 싶어요", "장난감을 사고 싶어요" 등.

> `인도자` '소망'이란 어떤 일이 일어나기를 바라고, 그 일이 일어날 것이라고 생각하는 것을 말해요. 우리가 하나님 안에서 가진 소망은 강력해요. 우리는 하나님이 무엇이든 하실 수 있는 분이라는 사실을 알기 때문이에요. 세상에는 너무 힘들어서 소망이 별로 없는 사람들도 있어요. 자기에게는 좋은 일이 일어나지 않을 것이라고 생각하지요. 아무리 힘들어도 그리스도인은 언제나 소망을 가질 수 있어요! 그 이유가 무엇인지, 오늘의 성경 이야기를 들으면서 좀 더 알아보도록 해요.

어려운 퍼즐을 맞춰요 ✳　　　　　　　　　　　　　　　　　준비물 ▶ 100피스 퍼즐

❶ 아이들에게 100피스 퍼즐을 주고 함께 맞춰 보라고 말한다.

> `tip` 아이들이 모두 힘을 합해 퍼즐을 다 맞출 수 있도록 도와준다.

> `인도자` 모두 힘을 모아 퍼즐을 잘 맞췄어요. 참 잘했어요! 이 퍼즐은 맞추기가 쉽지 않았을 텐데도 여러분은 포기하지 않았어요. 오늘의 성경 이야기에 나오는 데살로니가 성도들도 마찬가지였어요. 그들은 예수님을 따르는 일이 쉽지 않았지만 포기하지 않았어요. 과연 바울이 어떻게 그들에게 힘을 북돋워 주었는지 궁금하지요? 오늘의 성경 이야기를 잘 들어 보세요.

예배 대형으로 모이기

- 카운트다운 영상, 모이기 노래 등을 활용해 예배 대형으로 바꾸고 마음을 준비하게 한다.
- 공간을 이동해야 한다면 "○○○(아이 이름)는(은) 소망을 가질 수 있어요!" 하며 아이들의 이름을 차례로 부르며 가도록 한다.

가스펠
설교

들어가기

아이들에게 세상을 떠난 성도의 사진을 보여 준다. 그분을 이 땅에서는 다시 볼 수 없지만, 그리스도 안에서 다시 만날 수 있다는 소망을 가지고 있다고 말해 준다.

○○○ 님은 돌아가신 지 ○년이 지났어요. 하지만 저는 여전히 그분이 보고 싶어요. 하지만 오늘의 성경 이야기를 듣고 예수님이 다시 오시는 날 ○○○ 님을 다시 만날 수 있다는 소망이 생겼어요.

둘 — 성경 이야기

데살로니가전서 4~5장을 편다. 설교 영상(지도자용 팩)을 보여 주거나 이야기 성경을 들려준다.

이 책이 무슨 책이지요? 성경이에요! 성경에는 누구의 말씀이 들어 있나요? 맞아요, 하나님의 말씀이에요! 성경은 모두 사실인가요? 그렇지요! 오늘의 성경 이야기는 바울이 데살로니가 성도들에게 처음 쓴 편지예요. 신약성경 중에서 '데살로니가전서'에 있어요.

셋 — 메시지와 정리

데살로니가에 사는 사람들 중에는 바울이 전한 예수님에 대한 가르침을 싫어하는 사람들이 있었어요. 그들은 그곳 그리스도인들의 삶을 매우 힘들게 만들었어요. **바울은 어려움을 만난 그리스도인들에게 힘을 내라고 했어요.** 바울은 미래에 예수님이 자기 백성을 위해 다시 오셔서 악한 자를 심판하실 것이라고 말했어요. 그리스도인은 예수님이 다시 오실 것을 알기 때문에 소망을 품고 살 수 있어요.

연대표(지도자용 팩)를 가리키면서 복습 질문을 한다.

1. 오늘의 성경 이야기에 나오는 편지는 누가 썼나요? 바울
2. 누구에게 쓴 편지인가요? 데살로니가 성도들
3. 세상을 심판하기 위해 누가 다시 오시나요? 예수님
4. 예수님이 다시 오셔도 그리스도인들은 계속 고통을 받을까요? 아니다. 예수님이 다시 오시면 더 이상 고통이 없다

5. 예수님이 언제 오실지 아는 사람이 있나요? 누구도 알 수 없다. 오직 성부 하나님만 아신다

넷 — 성경의 초점

데살로니가 성도들은 그리스도인이 죽으면 어떻게 되는지 몰랐어요. **바울은 어려움을 만난 그리스도인들에게 힘을 내라고 했어요.** 그는 예수님이 다시 오실 것이라고 말했어요. 예수님이 오시면 우리는 모두 예수님과 영원히 함께하게 될 거예요. 이 질문에 대답해 보세요. **"우리는 다시 오실 예수님을 기다리며 어떻게 살아야 하나요?"** 아이들의 답을 기다린다. 모두들 잘 대답해 주었어요. **"진리를 기억하고, 믿음을 더욱 굳게 하며, 복음을 전해야 해요."**

다섯 — 복음 초청

성경과 106쪽 복음 초청 가이드를 이용해서 아이들에게 그리스도인이 되는 법을 설명해 준다. 따로 상담해 줄 사람을 정해 주고 궁금한 점이 있으면 물어보도록 격려한다.

이 시간 예수님을 믿고 마음에 모시고 싶은 친구는 함께 기도해요.

여섯 — 기도

사랑의 하나님, 우리를 위해 예수님이 다시 오신다는 약속의 말씀을 주셔서 감사드려요. 데살로니가 성도들은 아무리 힘들어도 예수님이 다시 오셔서 악한 사람들을 심판하실 것을 믿고 소망하며 살았어요. 우리도 힘들고 어려운 일이 있을 때 다시 오실 예수님을 소망하며 살아갈래요. 하나님이 우리에게 힘 주세요. 예수님의 이름으로 기도합니다. 아멘.

일곱 — 암송송

성경에서 디모데후서 3장 16절을 펴고 큰 소리로 여러 번 따라 읽게 한다.

2단원 암송 구절은 모든 성경이 하나님의 감동으로 기록되었다고 말해요. 이 말은 하나님이 바울에게 감동을 주셔서 데살로니가 성도들에게 편지를 쓰게 하셨다는 뜻이에요. 예수님이 다시 오실 것이기 때문에 그리스도인은 소망을 가지고 살아갈 수 있어요.

암송송(167쪽)에 맞추어 손유희를 하며 말씀을 익힌다.

"모든 성경은 하나님의 감동으로 된 것으로 교훈과 책망과 바르게 함과 의로 교육하기에 유익하니"(딤후 3:16).

알콩달콩 말씀 놀이

사랑을 전하는 우체부가 되어요

준비물 ▶ 유치부 교재 18쪽, 33쪽 '편지지', 45쪽 '우표' 스티커, 색연필, 풀

① 33쪽 '편지지'를 떼어 흐린 글씨를 따라 '예수님이 다시 오실 거예요. 힘내세요"를 쓰고, 색연필로 꾸며 보세요.

② 접는 선대로 접고 풀로 붙여 편지 봉투 모양을 만들고, '보내는 사람'과 '받는 사람'의 이름을 적으세요.

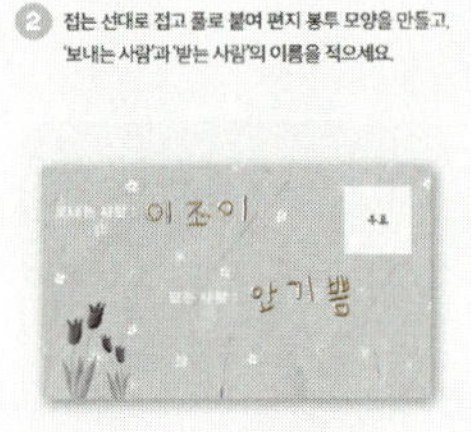

③ 45쪽 '우표' 스티커를 떼어 편지 봉투에 붙이세요.

④ 완성된 편지를 친구에게 직접 전달하세요.

이야기 나누기

- 바울은 데살로니가 성도들에게 왜 편지를 보냈나요?
- 어려움을 당한 데살로니가 성도들은 누구로 인해 힘을 얻을 수 있었나요?
- 예수님이 다시 오실 것이라는 편지를 받은 사람들은 어떤 기분이었을까요?

❶ 바울은 데살로니가 성도들에게 소망과 위로의 편지를 전했다고 말해 주고, 우리도 바울처럼 소망과 위로가 필요한 친구에게 사랑의 편지를 보내자고 한다.

❷ 유치부 교재 33쪽 '편지지'를 떼어 편지지에 적힌 흐린 글씨, "예수님이 다시 오실 거예요. 힘내세요!"를 함께 읽어 본 뒤 따라 쓰고, 색연필로 꾸며 보라고 한다.

❸ 접는 선대로 접고 풀로 붙여 편지 봉투 모양을 만들고, '보내는 사람'과 '받는 사람'의 이름을 적으라고 한다.

❹ 유치부 교재 45쪽 '우표' 스티커를 떼어 붙이라고 한다.

> tip 우표에 도장을 찍는 과정을 추가해도 좋다.

❺ 완성된 편지를 한데 모으고 그들에게 소망을 주시고 위로해 달라고 하나님께 기도하면서 활동을 마무리한다.

❻ 완성된 편지를 친구에게 직접 전달할 수 있도록 지도한다.

> 인도자 **바울은 어려움을 만난 그리스도인들에게 힘을 내라고 했어요.** 우리의 편지를 받는 사람들도 힘을 내서 살아가면 좋겠어요. 예수님은 우리를 죄에서 구원하셨어요. 그 사실을 믿는 그리스도인은 예수님이 지금도 우리 곁에 계시고, 언젠가 다시 오실 것을 알기 때문에 그분을 믿고 의지하며 소망을 갖고 살아가야 해요. 우리 모두 어려움을 당하고 있는 사람들을 위해 기도해 주어요.

모든 눈물을 닦아 주세요 ✳

❶ 174쪽 '얼굴 모양' 그림(또는 지도자용 팩)을 아이들의 수만
큼 복사한 후 손코팅지를 이용해 코팅한다.

❷ 아이들에게 ❶을 나누어 주고, 7과의 주제를 읽으면서 오
늘의 성경 이야기를 간단하게 복습한다.

❸ 보드마커를 이용해 ❶에 슬픈 표정과 눈물을 그리라고
한다.

❹ 예수님이 다시 오시면 모든 슬픔이 사라지고 기쁨이 가
득할 것이라고 설명해 주고, 아이들이 화이트보드 지우개
를 이용해 슬픈 표정과 눈물을 지우고 기쁜 표정을 그릴 수 있도록 도와준다.

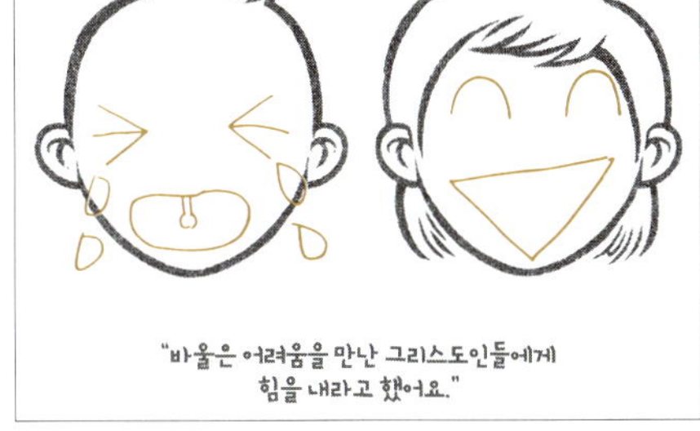

tip 아이들에게 자기 얼굴로 슬픈 표정과 기쁜 표정을 지어 보라고 해도 좋다.

인도자 데살로니가 성도들은 예수님을 따르는 데 많은 어려움을 겪고 있었어요. **바울은 어려움을 만난 그리스도인들에게 힘을 내라고 했어요.** 바울은 미래에 예수님이 자기 백성을 위해 다시 오셔서 악한 자를 심판하실 것이라고 말했어요. 성경은 그날이 되면 하나님이 모든 눈물을 닦아 주실 것이고 그리스도인은 더 이상 고통을 겪지 않을 것이라고 말해요! 그리스도인은 예수님이 다시 오실 것을 알기 때문에 소망을 품고 살 수 있어요.

격려 카드를 만들어요 ✳

tip 건강 문제로 교회에 출석하지 못하고 있는 성도나 아이가 있는지 미리 알아둔다.

❶ 아이들에게 건강 문제로 교회에 출석하지 못하고 있는 성도나 아이가 있는데, 그들에게 격려 카드를 만들어서
보내자고 말한다.

❷ 다양한 종류의 편지지와 편지 봉투를 보여 주고, 가장 마음에 드는 편지지와 편지 봉투를 하나씩 고르게 한다.

❸ ❷에 그림을 그리거나 직접 글씨를 쓰거나 인도자에게 부탁해 격려의 메시지를 쓸 수 있도록 지도한다.

❹ 꾸미기 도구를 이용해 카드를 꾸미게 한다.

❺ 격려 카드를 한데 모아 전달한다.

인도자 **바울은 어려움을 만난 그리스도인들에게 힘을 내라고 했어요.** 우리가 만든 카드를 받을 사람들도 지금 어려움을 겪고 있어요. 그들이 이 카드를 읽고 힘을 얻게 해 달라고 함께 기도해요. 그리스도인은 예수님이 다시 오실 테니 걱정하지 말라고 서로 용기를 줄 수 있어요. 예수님이 다시 오시면 평안과 기쁨이 가득한 하나님 나라가 이루어져요. 우리 모두 이 소망을 갖고 살아요!

메시지 전하기 놀이를 해요 ✳

❶ 아이들을 서로 마주보도록 둥글게 앉힌 후, 한 아이를 지목해 한 문장으로 된 메시지를 귓속말로 전한다.

예) "예수님은 다시 오세요", "예수님을 믿는 우리에게는 소망이 있어요", "우리는 예수님과 함께 영원히 살 거예요", "예수님은 우리를 사랑하세요" 등.

❷ 오른쪽에 앉은 아이에게 메시지를 귓속말로 차례로 전달하다가 마지막 아이에게까지 전달되면, 마지막 아이에게 메시지가 무엇인지 큰 소리로 발표하라고 한다.

❸ 인도자가 전한 메시지가 무엇인지 모두에게 알려 준다.

❹ 시간 여유가 있으면 활동을 여러 번 반복한다.

> **인도자** 메시지를 아주 잘 전달했어요! 하나님이 수천 년에 걸쳐 수많은 사람을 통해서 주신 메시지를 기록해 놓은 책이 바로 성경이랍니다. 그런데 이처럼 각각 다른 사람들이 쓴 하나님의 메시지가 모두 한결같이 예수님에 관한 이야기라는 사실을 알고 있나요? 정말 놀라운 일이지요? 구약성경에서 선지자들은 하나님이 세상을 심판하시고 하나님의 백성을 구원하시는 날에 대해 말했어요. 신약성경에서 **바울은** 예수님이 자기 백성을 위해 다시 오셔서 악한 자를 심판하실 것이라면서 **어려움을 만난 그리스도인들에게 힘을 내라고 했어요.** 우리가 성경이 진짜라는 사실을 알 수 있는 이유는 그토록 오랜 시간 동안 수많은 사람을 통해서 똑같은 메시지를 전할 수 있는 분은 오직 하나님뿐이시기 때문이랍니다.

나팔 소리가 들리면 놀아요 ✳

준비물 ▶ 장난감 나팔

❶ 자원자 중에 3~4명 뽑아 '술래들'을 정한다.

❷ 아이들에게 자유롭게 놀라고 말한다.

❸ '술래들'을 조용히 불러서 임무를 전달한다. "가만히 누워서 인도자가 나팔을 불 때까지 기다리세요. 그리고 나팔 소리가 들리면 벌떡 일어나 친구들을 모두 데리고 저에게 달려오세요."

❹ 아이들이 자유롭게 놀고 있는 모습을 지켜보다가 갑자기 나팔을 분다.

❺ '술래'가 모든 아이를 데리고 인도자에게 오면 서로 안아 주는 시간을 갖는다.

❻ 다 같이 큰 소리로 "예수님이 다시 오셨다!"라고 소리치며 기뻐한다.

> **인도자** 여러분은 언제 나팔 소리가 울릴지 몰랐어요. 하지만 언제라도 벌떡 일어나 친구들과 함께 뛰어갈 준비가 되어 있었지요! 바울은 "예수님이 언제 오실지는 아무도 모릅니다. 우리는 언제나 예수님이 다시 오실 때를 준비하고 있어야 합니다"라고 말했어요. **바울은 어려움을 만난 그리스도인들에게 힘을 내라고 했어요.** 그는 예수님이 다시 오시는 날 나팔 소리와 함께 하늘에서 내려오실 것이라고도 말했어요. 예수님이 다시 오시면 우리는 모두 예수님과 영원히 함께하게 될 거예요. **우리는 다시**

오실 예수님을 기다리며 어떻게 살아야 하나요? 진리를 기억하고, 믿음을 더욱 굳게 하며, 복음을 전해야 해요.

예측하고 실험해 보아요 *

❶ 아이들에게 미션을 제시한다.

예) "나는 20개의 블록을 넘어뜨리지 않고 높이 쌓을 수 있다고 예측한다", "나는 종이 뭉치를 바구니에 던져 넣을 수 있다고 예측한다", "나는 한 발로 20초 동안 서 있을 수 있다고 예측한다" 등.

❷ 아이들에게 자신이 해 낼 수 있을 것 같은지 예측해 보라고 한다. 이때 투표를 해서 예측 결과를 확인할 수 있도록 한다.

❸ 자원하는 아이를 앞으로 나오게 해 직접 실험하고, 예측 결과를 살펴본다.

인도자 '예측한다'는 말은 미래에 어떤 일이 일어날 것이라고 생각한다는 뜻이에요. 미래에 어떤 일이 일어날지 우리는 다 알 수 없어요. 그저 예측할 뿐이지요. 예측이 틀리는 경우도 많아요. 하지만 하나님은 모든 것을 다 아시는 분이에요. 미래에 어떤 일이 일어날지 다 아세요. 무엇을 추측하시는 분이 아니시랍니다. **바울은 어려움을 만난 그리스도인들에게 힘을 내라고 했어요.** 바울은 미래에 예수님이 자기 백성을 위해 다시 오셔서 악한 자를 심판하실 것이라고 말했어요. 그때가 언제인지는 모르지만, 우리는 하나님의 말씀대로 될 것이라는 사실은 알아요! 그러니 우리도 힘을 내요!

<h2>소곤소곤 꿀~꺽  간식</h2>

준비물 ▶ 아이들이 좋아할 만한 간식을 담은 불투명한 지퍼백

❶ 카운트다운 영상, 정리하기 노래 등을 활용해 활동이 끝났음을 알린다. 아이들에게 주변을 정리하게 하고, 화장실에 가거나 물티슈 등을 이용해 손을 씻을 시간을 준다.

❷ 감사 기도를 드리고 아이들이 좋아할 만한 간식을 담은 불투명한 지퍼백을 하나씩 나누어 주면서 '소망 주머니'라고 말해 준다. 바울이 어려움을 만난 그리스도인들에게 힘을 내고 예수님이 다시 오실 것을 소망하라고 말했다는 오늘의 성경 이야기를 다시 한번 떠올려 준다. 우리도 소망을 갖고 살자면서 '소망 주머니'를 열어서 하나님이 준비하신 맛있는 간식을 먹자고 한다.

❸ 간식을 먹은 후 마무리 정리를 잘하도록 지도한다.

<h2>오순도순  마무리</h2>

준비물 ▶ 유치부 교재 39쪽 메시지 카드, 소그룹 활동지, 파일

❶ 이번 주 메시지 카드로 부모님과 함께 오늘 배운 성경 이야기를 나누어 보라고 한다.

가족과 활동해요

- 이 세상을 먼저 떠난 사랑하는 가족의 사진을 함께 보세요. 예수님이 다시 오실 때 그들도 다시 만날 것을 기대하며 이야기를 나누어 보세요.
- 다시 오실 예수님을 기다리는 소망을 가지고 어떻게 살지 구체적인 실천 계획을 짜고 이야기를 나누어 보세요.

❷ 나만의 기록장에 기록할 내용을 소개하고, 소그룹 활동지를 떼어 파일에 끼운 뒤 가방에 정리하게 한다.

❸ 아이들을 위해 기도한다.

인도자 사랑의 하나님, 우리를 위해 예수님이 다시 오신다는 약속의 말씀에 감사드려요. 우리가 사랑하는 사람이 우리 곁을 떠난다고 생각하면 정말 슬퍼요. 하지만 예수님이 다시 오시는 날, 우리 모두 함께 기뻐하며 하나님 나라에서 영원히 살 것을 믿어요. 예수님을 기다리면서 온 세상에 고통받는 친구들에게 이 기쁜 소식을 전하며 살래요. 주님이 도와주세요. 예수님의 이름으로 기도합니다. 아멘.

❹ 아이를 데리러 온 부모에게 아이가 특별히 즐거워했거나 잘했던 활동들에 대해 이야기해 주고, 가정에서 성경 읽기와 가족 활동을 진행할 수 있도록 격려한다.

 **나만의 기록장**

예수님이 다시 오실 때 내 모습 상상해서 그리기

8

유다가
믿음을 지키라고
말했어요

(유 3~4, 17~25)

주제	유다는 그리스도인들에게 거짓에 속지 말고 진리를 기억하라고 했어요.
예수님 생각하기	유다는 초대교회의 그리스도인들에게 죄를 짓고 예수님에 대해 거짓말하는 사람들을 조심하라고 경고했어요. 예수님은 길이요, 진리이며, 생명이세요. 하나님의 백성을 죄에서 지키시는 분이에요. 예수님 때문에 하나님은 우리를 반갑게 맞이하시고 우리에게 영원한 기쁨을 주세요.
단원 암송	딤후 3:16
성경의 초점	우리는 다시 오실 예수님을 기다리며 어떻게 살아야 하나요? 진리를 기억하고, 믿음을 더욱 굳게 하며, 복음을 전해야 해요.

유다는 야고보처럼 예수님의 형제였습니다. 그 역시 예수님이 죽은 자 가운데서 부활하신 후에야 예수님이 하나님의 아들이시라는 사실을 믿었습니다. 유다는 주후 65년에서 80년 사이에 성도들에게 거짓 교사들에 대해 경고하기 위해 편지를 썼습니다. 당시 교회에는 거짓 교사들이 몰래 들어와 있었습니다. 유다는 믿음을 버리지 말고 "믿음의 도를 위하여 힘써 싸우라"(유 3)라고 독려했습니다.

유다는 초기 그리스도인들에게 어떤 사람들이 거짓된 것을 가르치고 죄를 짓게 만들어 그들을 분열시킬 것이라고 경고했습니다. 유다는 성도들이 참된 가르침을 지키려고 노력할 뿐만 아니라 적극적으로 복음을 전하기 원했습니다. 그는 성도들에게 의심하는 자를 긍휼히 여기고, 다른 사람을 예수님께 인도하며, 죄를 미워하라고 말했습니다.

●● 티칭 포인트

오늘날에도 거짓 교사들이 있습니다. 그들은 여전히 교회에 몰래 들어올 틈을 노리고 있습니다. 우리를 사랑하시는 하나님은 성경을 통해 거짓 교사들을 경계하라고 말씀하십니다. 우리는 하나님의 말씀을 연구하며 무엇이 진리인지 알 수 있고, 성령님께 지혜와 분별을 구할 수 있습니다.

이 같은 거짓 교사에 대한 강력한 경고에 당황한 성도들이 있을지 모르겠습니다. 아이들에게 이런 메시지를 주는 것이 너무 이르다고 생각할 수도 있습니다. 하지만 유다는 하나님의 약속으로 편지를 맺었습니다. 궁극적으로 우리를 죄에서 보호하시는 분은 예수님이십니다. 역사를 통해 하나님은 하나님의 백성을 돌아오게 하려는 계획을 이루어 오셨습니다. 하나님은 우리를 지키실 것입니다. 하나님은 우리가 하나님의 진리를 기억하는 것뿐만 아니라 다른 그리스도인들이 믿음을 지킬 수 있도록 격려하도록 우리를 부르셨습니다. 아이들이 이와 같이 견고한 복음 안에서 자라날 수 있게 도와주십시오.

예수님으로 인해 우리는 큰 기쁨으로 하나님 앞에 설 것입니다. 유다의 말을 빌리겠습니다. "곧 우리 구주 홀로 하나이신 하나님께 우리 주 예수 그리스도로 말미암아 영광과 위엄과 권력과 권세가 영원 전부터 이제와 영원토록 있을지어다 아멘"(유 25).

유다가 믿음을 지키라고 말했어요

유 3~4, 17~25

예수님이 태어나신 후 마리아와 요셉은 아이들을 더 낳았어요. 마리아와 요셉의 아들인 유다는 그리스도인 친구들에게 편지를 썼어요. 그들도 다른 사람에게 예수님에 관한 기쁜 소식인 복음을 전하기를 바랐기 때문이에요.

유다는 이렇게 썼어요. "사랑하는 친구들이여, 여러분에게 중요한 할 말이 있습니다. 예수님에 관한 진리를 기억하고 용감해지십시오. 여러분이 믿는 것을 다른 사람에게도 전하십시오."

유다는 그들 중에 예수님을 따르지 않는 사람들이 있다고 말했어요. 그들은 잘못된 행동을 하면서 변명을 했어요. 그들이 예수님을 모른 척했기 때문에 하나님이 그들에게 벌을 주실 거예요.

유다는 편지에 이렇게 썼어요. 예수님을 따르는 사람들에게 이런 일이 일어날 것입니다. 사람들이 그리스도인과 예수님을 비웃을 것입니다. 그들은 하나님께 죄를 지으면서 자기가 원하는 대로 삽니다. 그들은 교회 안에서 문제를 일으키고 싶어 합니다. 이런 사람들에게는 성령님이 계시지 않습니다.

친구들이여, 여러분은 예수님을 따르는 사람들처럼 강해져야 합니다. 옳은 것을 가르치십시오. 성령님의 도움을 받아 기도하십시오. 하나님의 진리를 기억하십시오. 하나님은 여러분을 사랑하십니다. 예수님이 다시 오실 것입니다. 여러분은 하나님과 영원히 함께 살게 될 것입니다."

유다는 성도들에게 다른 사람을 친절하게 대하고 그들에게 예수님을 전하라고 말했어요. 그리고 죄를 미워하라고 말했어요. "하나님은 우리에게 죄를 멀리할 능력을 주십니다. '하나님, 우리의 구원자이자 주님이신 예수님을 주시고 하나님의 말씀대로 살도록 도와주셔서 감사합니다. 모든 찬양을 하나님께 드립니다!'"

●● 예수님 생각하기

유다는 초대교회의 그리스도인들에게 죄를 짓고 예수님에 대해 거짓말하는 사람들을 조심하라고 경고했어요. 예수님은 길이요, 진리이며, 생명이세요. 하나님의 백성을 죄에서 지키시는 분이에요. 예수님 때문에 하나님은 우리를 반갑게 맞이하시고 우리에게 영원한 기쁨을 주세요.

● 이야기 TIP ●

- **단어에 반응해요** : 이야기 성경에 '예수님'의 이름이 나오는지 잘 들어 보라고 한다. '예수님'의 이름이 들릴 때마다 "하나님의 진리!"라고 외치며 반응하도록 한다.
- **펠트 인형을 이용해요** : 펠트 인형들을 두 무리로 나누어 붙인다. 다른 색깔의 펠트 인형을 가운데 붙여 두 무리를 구분해 둔다. 이야기 성경의 세 번째 단락을 읽을 때 가운데 붙여 둔 펠트 인형을 떼어 낸다. 사람들을 분열시키던 사람이 없어졌다는 뜻이라고 설명한다.

가스펠
준비

환영해요

"기다립니다"(지도자용 팩)를 튼다. 아이들을 반갑게 맞이하며 헌금과 기도를 도와준다. 예배 중 헌금 순서가 있다면 아이들이 헌금을 잘 간수하도록 돕는다. 가방과 외투를 정리하도록 안내한다. 새로 온 아이가 있다면 음수대와 화장실의 위치를 알려 주고, 보호자와 만나는 시간과 방법 등을 소개한다. 보호자들을 위한 안내문을 붙여 아이와 만나는 시간, 기다리는 장소, 헌금 방법, 아이에 대한 특별한 주의 사항을 교사에게 미리 알려 달라는 당부 등을 공지한다.

마음 열기

주제와 관련 있는 퍼즐이나 블록 등 아이들이 좋아하는 장난감을 몇 가지 비치해 두고 다양한 활동을 하며 예배를 준비하도록 돕는다. 아이들이 마음을 열고 오늘의 주제에 관심을 갖게 하며 예배에 집중할 수 있도록 도와준다. 교회 형편에 맞게 시간과 활동 방법을 조절한다.

카드의 짝을 찾아요 *

준비물 ▶ '예수님 이야기 카드'(지도자용 팩), 두꺼운 A4 용지, 가위

❶ '예수님 이야기 카드'(지도자용 팩)를 두꺼운 A4 용지에 2장 프린트한 후 잘라 카드를 만들어 둔다.

❷ 아이들의 연령대가 높은 경우 그림이 보이지 않도록 뒤집어서, 연령대가 낮은 경우 그림이 보이도록 카드를 격자무늬로 배열해 짝이 되는 카드를 찾아보라고 한다.

❸ 아이들이 카드의 짝을 찾으면 그림의 내용에 관해 이야기를 나눈다.

　예) • 예수님이 태어나셨어요.
　　　• 예수님이 세례를 받으셨어요.
　　　• 예수님이 하늘의 떡을 먹이셨어요.

• 예수님이 물 위를 걸으셨어요.

• 예수님이 죽으시고 부활하셨어요.

• 예수님이 승천하셨어요.

인도자 그림을 기억해서 카드의 짝을 참 잘 찾았어요! 카드의 짝을 찾기 위해서는 예전에 배운 성경 이야기도 기억해야 했지요? 오늘의 성경 이야기에서 유다는 그리스도인들에게 언제나 하나님의 진리를 기억하라고 말했어요. 왜 그렇게 이야기했는지 잘 들어 보세요.

편을 갈라요 ✳

❶ 아이들을 인도자 앞으로 모이게 한 후 인도자만 알고 있는 일정한 특징을 따라 아이들을 오른쪽과 왼쪽으로 분류해 앉게 한다.
예) 성별, 머리카락 모양, 옷 색깔, 옷 모양 등.

❷ 아이들에게 어떤 기준으로 분류한 것 같은지, 분류 기준을 맞혀 보라고 한다.

❸ 시간이 허락된다면 다양한 분류 기준으로 활동을 반복한다.

인도자 재밌는 놀이였지만, 선생님은 모두 함께 노는 것이 더 좋다고 생각해요. 오늘의 성경 이야기에 나오는 어떤 사람들은 교회에서 편을 가르려고 했어요. 그것은 단순히 재미 삼아 하는 놀이가 아니었어요. 그들은 예수님에 대해 거짓말을 했어요. 오늘의 성경 이야기를 통해 무슨 일이 있었는지 더 자세히 알아보아요.

예배 대형으로 모이기

• 카운트다운 영상, 모이기 노래 등을 활용해 예배 대형으로 바꾸고 마음을 준비하게 한다.
• 공간을 이동해야 한다면 두 손을 가슴에 모으고 예수님이 하셨던 일들을 기억하며 가도록 한다.

가스펠 설교

하나 — 들어가기

아이들이나 다른 교사에게 가장 좋아하는 선생님이 누구였는지 물어본다.

하나님은 우리를 아주 많이 사랑하셔서 우리에게 좋은 선생님들을 주셨어요. 그런데 오늘의 성경 이야기를 보면, 유다는 거짓 선생을 조심하라고 경고했어요. 거짓 선생들은 좋은 사람들이 아니에요. 그들은 예수님에 대해 거짓말을 했어요. 유다가 그런 사람들에 대해 무엇이라고 말했는지 함께 배워 보아요.

둘 — 성경 이야기

유다서를 편다. 설교 영상**(지도자용 팩)**을 보여 주거나 이야기 성경을 들려준다.

성경책을 보여 준다. 이 책이 무슨 책이지요? 맞아요, 성경이에요! 성경에는 누구의 말씀이 들어 있나요? 네, 하나님의 말씀이에요! 성경은 모두 사실인가요? 그렇지요! 오늘의 성경 이야기는 유다가 다른 그리스도인들에게 쓴 편지인 '유다서'에 나와요. '유다서'는 신약성경에 있어요.

셋 — 메시지와 정리

어떤 사람들은 그리스도인이나 예수님을 놀리고 비웃어요. **유다는 그리스도인들에게 거짓에 속지 말고 진리를 기억하라고 했어요.** 예수님은 길이요, 진리이며, 생명이세요. 하나님의 백성을 죄에서 지키시는 분이에요. 예수님 때문에 하나님은 우리를 반갑게 맞이하시고 우리에게 영원한 기쁨을 주세요.

연대표**(지도자용 팩)**를 가리키면서 복습 질문을 한다.

1. 오늘의 성경 이야기에 나오는 편지는 누가 썼나요? 유다
2. 유다는 예수님을 믿지 않는 사람들에게 편지를 썼나요? 아니다, 그리스도인들에게 썼다
3. 유다는 그리스도인들에게 무엇을 기억하라고 말했나요? 하나님의 진리
4. 우리를 죄에서 지키시는 분은 누구이신가요? 하나님, 예수님, 성령님

넷 — 성경의 초점

유다는 초대교회의 그리스도인들에게 죄를 짓고 예수님에 대해 거짓말하는 사람들을 조심하라고 경고했어요. 그는 또 그리스도인들에게 다른 사람을 친절하게 대하고 그들에게 예수님을 전하라고 말했어요. 2단원 '성경의 초점' 질문과 답을 꼭 기억하세요. **"우리는 다시 오실 예수님을 기다리며 어떻게 살아야 하나요?", "진리를 기억하고, 믿음을 더욱 굳게 하며, 복음을 전해야 해요."**

다섯 — 복음 초청

성경과 106쪽 복음 초청 가이드를 이용해서 아이들에게 그리스도인이 되는 법을 설명해 준다. 따로 상담해 줄 사람을 정해 주고 궁금한 점이 있으면 물어보도록 격려한다.

이 시간 예수님을 믿고 마음에 모시고 싶은 친구는 함께 기도해요.

여섯 — 기도

우리를 위해 예수님을 보내 주신 사랑의 하나님, 예수님을 믿는 사람들을 통해 구원의 소식이 다른 사람들에게 전해지게 해 주셔서 감사해요. 누구든지 예수님만 믿으면 구원을 얻는다는 귀한 진리를 마음속에 잘 새기고, 우리 안에 살아 계신 진리의 예수님이 주시는 힘으로 하나님의 말씀을 따라 살게 도와주세요. 예수님의 이름으로 기도합니다. 아멘.

일곱 — 암송송

성경에서 디모데후서 3장 16절을 펴고 큰 소리로 여러 번 따라 읽게 한다.

모든 성경은 하나님에게서 나왔어요. 유다는 그리스도인들에게 하나님의 진리를 언제나 기억하라고 말했어요. 하나님의 말씀을 외우는 것은 사람들이 예수님에 대해 거짓말을 하는지, 아닌지를 알아차리는 데 도움이 되어요. 하나님이 우리를 지켜 주세요!

암송송(167쪽)에 맞추어 손유희를 하며 말씀을 익힌다.

"모든 성경은 하나님의 감동으로 된 것으로 교훈과 책망과 바르게 함과 의로 교육하기에 유익하니"(딤후 3:16).

알콩달콩   말씀 놀이

하나님의 진리는 어디에 있나요?

> **준비물 ▶** 유치부 교재 20쪽, 35쪽 '예수님 이야기 성경', 색연필, 45쪽 'ㅇ', 'X' 스티커

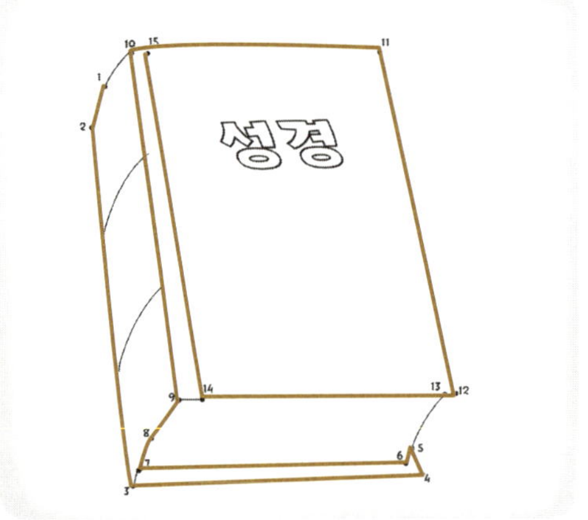

이야기 나누기

- 유다는 무엇을 기억하라고 했나요?
- 하나님의 진리를 기억하기 위해서 무엇을 읽어야 하나요?

❶ 우리는 어디에서 '하나님의 진리'를 배울 수 있는지 물어본다. 점을 순서대로 이어 하나님의 진리를 배울 수 있는 성경책을 완성해 보자고 한다.

❷ 유치부 교재 45쪽 'O', 'X' 스티커를 떼어 오른쪽 손바닥과 왼쪽 손바닥에 각각 붙이게 한다.

❸ 'OX 퀴즈'를 하며 성경 이야기를 복습한다. 오늘의 성경 이야기와 일치하는 문장에 'O'를, 틀린 문장에는 'X'를 들어 표시하도록 한다. 중간에 상식 퀴즈를 내도 좋다.

성경 퀴즈 예) • "유다는 그리스도인들에게 편지를 썼어요." : O

     • "하나님은 우리를 사랑하세요." : O

     • "성경을 읽어도 하나님의 진리를 알 수는 없어요" : X

     • "예수님은 다시 오세요." : O

     • "하나님의 진리는 기억해도 되고, 기억하지 않아도 돼요." : X

     • "예수님을 믿는 사람은 하나님과 함께 영원히 살아요." : O

상식 퀴즈 예) • "펭귄은 아프리카에 살고 있어요." : X

     • "우리나라의 수도는 부산이에요." : X

     • "우리 교회의 이름은 ○○교회예요." : 맞으면 O, 틀리면 X

❹ 35쪽 '예수님 이야기 성경'을 떼어 접는 선대로 접어 예수님 이야기가 담긴 성경을 완성할 수 있도록 지도한다. 아이들이 활동하는 동안 예수님 이야기를 주제로 대화를 나누는 시간을 갖는다.

> **인도자** 'OX 퀴즈'를 정말 잘하는군요! 점을 연결했더니 무슨 그림이 되었나요? 맞아요, 성경이에요! 오늘의 성경 이야기에서 예수님의 동생인 **유다**는 그리스도인들에게 거

짓에 속지 말고 진리를 기억하라고 했어요. 성경에서 우리는 하나님의 진리를 발견할 수 있어요. 유다는 초대교회의 그리스도인들에게 죄를 짓고 예수님에 대해 거짓 말하는 사람들을 조심하라고 경고했어요. 예수님은 길이요, 진리이며, 생명이세요. 하나님의 백성을 죄에서 지키시는 분이에요. 성령님의 감동으로 성경이 쓰여졌고, 우리가 성경을 읽을 때 성령님은 우리가 진리를 발견하도록 도와주세요.

진리를 선포해요 ✻ 준비물 ▶ 컬러 박스 테이프, 젤리(어린이 비타민)

❶ 예배실 바닥에 컬러 박스 테이프를 이용해 사방치기 판을 그려 둔다.

❷ 아이들을 한 줄로 세우고, 한 명씩 차례대로 사방치기 판을 통과할 수 있도록 지도한다. 아이들에게 사방치기 판의 '도착 칸'은 '하나님의 진리'라고 말해 주고, '도착 칸'에 다다르면 하나님의 진리를 큰 소리로 선포해야 한다는 게임의 규칙을 설명해 준다.

예) "하나님은 우리를 사랑하세요!", "예수님은 우리의 구원자세요!", "예수님은 다시 오세요!", "예수님은 지금 우리와 함께 계세요!" 등.

❸ 진리를 선포한 아이들에게 젤리를 선물해 주며 격려한다.

❹ 모든 아이가 하나님의 진리를 외칠 수 있도록 기회를 준다.

> **인도자** **유다는 그리스도인들에게 거짓에 속지 말고 진리를 기억하라고 했어요**. 각 단원마다 암송 구절이 있는데, 이 말씀을 외우는 것은 하나님의 진리를 기억하기 위한 아주 좋은 방법이에요. 성경은 우리가 어떻게 예수님을 따라야 하는지 도와주고, 성령님은 우리가 그 내용을 모두 기억할 수 있도록 도와주세요.

'진리 책갈피'를 만들어요 ✻ 준비물 ▶ 색도화지, 유성매직, 하트 스티커, 코팅지

❶ 직사각형 모양 안에 "하나님의 진리를 기억해요"라고 써서 '진리 책갈피'를 만들고 코팅해서 준비한다.

❷ 아이들에게 ❶을 하나씩 나누어 주고 문장을 읽어 준 뒤, 유성매직과 하트 스티커로 예쁘게 꾸미라고 한다.

❸ 완성된 책갈피는 아이들의 성경책에 꽂아 주고 집에 가져갈 수 있도록 지도한다.

> **인도자** **유다는 그리스도인들에게 거짓에 속지 말고 진리를 기억하라고 했어요**. 우리는 하나님의 진리를 기억하려고 성경을 읽어요! 가족과 함께 성경을 읽을 때 어디까지 읽었는지 기억할 수 있도록 '진리 책갈피'를 사용하세요. 여러분이 성경 전체를 읽고 또 읽어서 모두 기억할 수 있게 되면 좋겠어요!

진리 위에 서서 교회를 지켜요 *

❶ 교사 중에 한 사람에게 '거짓 교사'의 역할을 맡긴다.

❷ 아이들을 서로 등을 보이도록 둥글게 세운 후 손을 잡으라고 한다.

❸ 아이들에게 '거짓 교사'가 돌아다니면서 거짓을 외치며 원을 끊으려고 할 텐데, 당당하게 "아니야! 예수님의 이름으로!"라고 외치면서 계속해서 원을 유지해야 한다는 게임의 규칙을 설명해 준다.

❹ 아이들이 "아니야! 예수님의 이름으로!"라고 외치면 '거짓 교사'는 뒤로 멀리 가서 넘어지는 연기를 한다.

> `tip` 활동 목표가 아이들이 '거짓 교사'의 거짓말에 속지 않는 것이므로, 원을 끊으려고 흉내만 내도록 한다.

거짓의 예) "엄마는 너를 사랑하지 않아", "하나님의 진리는 기억하지 않아도 돼", "하나님은 너희를 사랑하시지 않아", "예수님은 다시 오시지 않을 거야", "다른 사람들을 미워하고 날마다 싸워", "사람들에게 예수님을 알려 주지 마" 등.

`인도자` 유다는 초대교회의 그리스도인들에게 죄를 짓고 예수님에 대해 거짓말하는 사람들을 조심하라고 경고했어요. **유다는 그리스도인들에게 거짓에 속지 말고 진리를 기억하라고 했어요.** 예수님은 길이요, 진리이며, 생명이세요. 하나님의 백성을 죄에서 지키시는 분이에요. 예수님 때문에 하나님은 우리를 반갑게 맞이하시고 우리에게 영원한 기쁨을 주세요. **우리는 다시 오실 예수님을 기다리며 어떻게 살아야 하나요? 진리를 기억하고, 믿음을 더욱 굳게 하며, 복음을 전해야 해요.**

준비물 ▶ 딸기(블루베리), 견과류, 접시

❶ 카운트다운 영상, 정리하기 노래 등을 활용해 활동이 끝났음을 알린다. 아이들에게 주변을 정리하게 하고, 화장실에 가거나 물티슈 등을 이용해 손을 씻을 시간을 준다.

❷ 감사 기도를 드리고 딸기, 견과류를 간식으로 나누어 준다. 간식을 먹으며, 과일이나 견과류는 기억력이 좋아지게 해 준다고 이야기한다. 오늘의 성경 이야기에서 유다는 그리스도인들에게 하나님의 진리를 언제나 기억하라고 당부했다고 이야기해 준다.

❸ 간식을 먹은 후 마무리 정리를 잘하도록 지도한다.

준비물 ▶ 유치부 교재 41쪽 메시지 카드, 소그룹 활동지, 파일

❶ 이번 주 메시지 카드로 부모님과 함께 오늘 배운 성경 이야기를 나누어 보라고 한다.

가족과 활동해요

- 문장을 말하고 그것이 참인지, 거짓인지 맞히는 놀이를 해 보세요. 예수님에 관한 진리를 아는 것이 가장 중요하다고 강조해 주세요.
- 2단원 암송 구절인 디모데후서 3장 16절을 큰 소리로 외워 보세요.

❷ 나만의 기록장에 기록할 내용을 소개하고, 소그룹 활동지를 떼어 파일에 끼운 뒤 가방에 정리하게 한다.

❸ 아이들을 위해 기도한다.

> **인도자** 사랑의 하나님, 예수님을 보내 주시고 예수님을 믿는 사람은 누구나 구원하시고 하나님을 따를 수 있는 능력도 주셔서 감사해요. 우리가 언제나 하나님의 진리를 기억하고 다른 사람에게 예수님에 관한 기쁜 소식인 복음을 전할 수 있도록 도와주세요. 예수님의 이름으로 기도합니다. 아멘.

❹ 아이를 데리러 온 부모에게 아이가 특별히 즐거워했거나 잘했던 활동들에 대해 이야기해 주고, 가정에서 성경 읽기와 가족 활동을 진행할 수 있도록 격려한다.

✏️ **나만의 기록장**

예수님을 생각하면 떠오르는 그림 그리기

가스펠 프로젝트

나를 위한 하나님의 멋진 계획

'복음'이라는 말을 들어 본 적 있니? 복음이란 '좋은 소식'이라는 뜻이야. 우리에게 보내신 하나님의 좋은 소식이 무엇일까?

하나님은 세상을 만드셨단다
하나님이 세상을 만드시고, 사람을 만드셨어. 그리고 사랑하셨지.
(창 1 : 1; 골 1 : 16~17; 계 4 : 11)

사람들은 죄를 짓고 하나님을 떠났어
그런데 사람들이 죄를 지어서 하나님과 함께 살 수 없게 되었어. 결국 죽을 수밖에 없게 되었지.
(롬 3 : 23, 6 : 23)

하나님은 구원 계획을 갖고 계시단다
하나님은 우리를 사랑하셔서 우리가 하나님과 함께 살기 원하셨어. 그래서 우리(너)를 위한 놀라운 계획을 세우셨단다.
(요 3 : 16; 엡 2 : 8~9)

예수님이 우리에게 생명을 주셨어
하나님은 아들 예수님을 보내셨고, 예수님은 우리 죄를 대신해 십자가에서 죽으시고, 3일 만에 다시 살아나셨어. 우리에게 영원한 생명을 주시고 하나님과 함께 살 수 있는 길을 열어 주신 거야.
(롬 5 : 8; 고후 5 : 21; 벧전 3 : 18)

예수님! 우리의 마음에 오세요!
예수님을 믿고 마음에 받아들이면 하나님의 자녀가 된단다. 이것이 가장 좋은 소식, 복된 소식, 복음이란다.
(요 1 : 12~13; 롬 10 : 9~10, 13)

예수님을 영접하기 원하는 어린이가 있다면 개인적으로 상담하고 영접 기도를 할 수 있도록 도와주세요.

예수님이 ○○를 사랑하시는 것을 믿겠니?
예수님이 ○○의 죄를 씻어 주신 것을 믿겠니?
예수님을 ○○의 마음에 받아들이겠니?

믿음을 고백하고 예수님을 영접하기 원하는 어린이를 위해 간절히 기도해 주세요.

이제 ○○는 하나님의 자녀(아들, 딸)가 되었어!
이것이 예수님을 통해 ○○에게 이루어 주신 하나님의 계획이야!
○○야, 하나님의 자녀(아들, 딸) 된 것을 축하해!

9 베드로가 주님의 날을 기다리라고 했어요

[벧후 3:1~13]

주제
: 베드로는 다시 오실 예수님을 기다리며 복음을 전하라고 했어요.

예수님 생각하기
: 어떤 사람들은 그리스도인들이 예수님이 다시 오실 것이라고 믿는 것이 어리석은 일이라고 생각했어요. 하지만 예수님은 반드시 다시 오세요! 베드로는 하나님이 오래 참으시는 것이라고 말했어요. 하나님은 모든 사람이 예수님을 믿고 의지하기를 바라세요. 때가 되면 예수님이 다시 오실 거예요. 우리는 예수님이 오심으로 새 하늘과 새 땅이 만들어질 날을 간절히 기다려야 해요.

단원 암송
: 딤후 3:16

성경의 초점
: 우리는 다시 오실 예수님을 기다리며 어떻게 살아야 하나요?
진리를 기억하고, 믿음을 더욱 굳게 하며, 복음을 전해야 해요.

베드로의 믿음의 여정은 예수님이 "나를 따르라"(마 4:19)라고 말씀하셨을 때 시작되었습니다. 갈릴리 출신의 어부 베드로와 그의 형제 안드레는 그물을 버려두고 예수님을 따랐습니다.

예수님의 열두 제자 중 한 사람인 베드로는 예수님의 기적과 가르침을 직접 목격했습니다. 그는 예수님이 자신의 장모를 고치시는 모습을 보았고, 어린 소녀를 죽은 자 가운데서 살리시는 것도 보았습니다(마 8:14; 눅 8:49~55 참조). 예수님이 물 위를 걸으시는 모습도 보았고, 베드로 자신이 물 위를 걷기도 했습니다(마 14:25~29 참조).

베드로는 예수님이 메시아라고 믿었습니다(마 16:16 참조). 따라서 그가 예수님을 부인할 것이라고 예수님이 말씀하셨을 때 속상해한 것도 충분히 이해할 만합니다(마 26:34~35 참조). 예수님이 동산에서 기도하시는 동안 잠들었던 베드로는 예수님이 체포되실 때 예수님을 지키려고 칼을 뽑아 들었습니다(마 26:40; 요 18:10 참조).

베드로는 예수님을 세 번 부인했지만, 부활하신 예수님은 베드로와 다른 제자들을 찾아오셨습니다. 그리고 갈릴리 호수에서 베드로를 다시 사역의 자리로 부르셨습니다(요 21:15~19 참조).

사도행전 1~12장에는 오순절 사건 이후 성령님이 베드로를 통해 일하신 일들이 기록되어 있습니다. 하나님은 베드로에게 복음은 유대인과 이방인 모두를 위한 것임을 알려 주셨습니다. 베드로는 복음 전파를 이유로 체포되어 감옥에 갔지만 주님의 천사가 그를 구했습니다(행 12:1~9 참조).

두 번째 편지를 쓸 무렵에도 베드로는 감옥에 있었습니다. 그는 자신에게 죽음이 임박했다는 사실을 알았습니다(벤후 1:13~15 참조). 유다와 마찬가지로 베드로도 거짓 교사들에 대해 경고했습니다. 어떤 사람들은 예수님이 다시 오실 것이라고 믿는 그리스도인들이 어리석다고 생각했습니다. 베드로는 하나님은 오래 참으시며 모든 사람이 예수님을 믿고 의지하기를 바라신다고 말했습니다. 얼마 후 베드로는 예수님이 예언하신 대로 로마에서 순교했습니다(요 21:18~19 참조).

●● 티칭 포인트

베드로의 편지는 약 2천 년 전, 예수님 승천 후 그리 오래되지 않은 시기에 살았던 그리스도인들을 대상으로 쓰였습니다. 우리는 예수님의 재림을 기다리고 있습니다. 하나님은 이 땅에서의 시간을 하나님을 더 잘 알고, 더 사랑하며, 다른 사람에게 복음을 전하는 기회로 삼으라고 요청하십니다.

베드로가 주님의 날을 기다리라고 했어요

벧후 3:1~13

예수님의 제자 베드로는 이제 나이가 많이 들었어요. 그는 교회의 지도자였지요. 베드로는 그리스도인들에게 하나님의 말씀을 읽고, 진리가 아니라 거짓을 말하는 거짓 선생들을 조심하라고 편지를 썼어요. 하나님의 말씀은 우리가 어떻게 살아야 할지를 알게 도와주어요. 베드로는 그리스도인들에게 예수님이 바라시는 삶의 모습이 무엇인지를 가르쳐 주었어요.

어떤 거짓 교사들은 예수님이 결코 다시 오시지 않을 것이라고 말했어요. 그것은 사실이 아니에요! 베드로는 예수님이 다시 오실 것이라고 약속하신 바로 그 자리에 있었어요. 그래서 베드로는 성도들에게 그날을 준비하고 있으라고 말했지요.

베드로는 편지에 이렇게 썼어요. "사랑하는 친구 여러분, 선지자들은 이런 일이 일어날 것이라고 말했습니다. 그들은 여러분이 예수님이 다시 오실 것을 믿는다는 이유로 사람들이 비웃을 것이라고 했습니다. 하지만 하나님은 약속하신 것을 더디게 이루시는 분이 아닙니다. 하나님은 오래 참고 계시는 것입니다.

하나님은 모든 사람이 예수님을 알기 바라십니다. 모든 사람이 죄를 버리고 하나님께 돌아오기를 바라십니다!"

예수님이 정확하게 언제 오실지는 아무도 몰라요. 그래서 우리는 언제나 예수님을 맞을 준비를 하고 있어야 해요. 베드로는 그리스도인들에게 하나님이 기뻐하시는 모습으로 살라고 말했어요. 예수님이 다시 오심으로 새 하늘과 새 땅이 이루어질 거예요.

●● 예수님 생각하기

어떤 사람들은 그리스도인들이 예수님이 다시 오실 것이라고 믿는 것이 어리석은 일이라고 생각했어요. 하지만 예수님은 반드시 다시 오세요! 베드로는 하나님이 오래 참으시는 것이라고 말했어요. 하나님은 모든 사람이 예수님을 믿고 의지하기를 바라세요. 때가 되면 예수님이 다시 오실 거예요. 우리는 예수님이 오심으로 새 하늘과 새 땅이 만들어질 날을 간절히 기다려야 해요.

이야기 TIP

- **선물을 기다려요** : 작은 선물을 아이들 수만큼 준비해 포장해 둔다. 아이들에게 이야기 성경을 듣는 시간이 끝날 때까지 기다리면 선물을 준다고 약속한다. 끝나면 약속대로 선물을 나누어 주면서 예수님도 약속하신 대로 다시 오신다고 말해 준다.
- **그림을 그리며 전해요** : 흰색 종이 2장을 뒷부분에 살짝 풀칠해 겹쳐 둔다. 아래 종이에는 밝고 빛나는 새 하늘과 새 땅을, 그리고 겉 종이에는 어두운 색으로 지구를 그린다. 이야기 성경을 들려주면서 '거짓'이 나오는 부분에서 그림을 더럽힌다. '모든 사람이 예수님을 믿기를 바라시는 하나님의 소원'을 설명할 때는 십자가를 그린다. 마지막에 겉 종이를 찢고, 예수님이 오셔서 만드실 아름다운 새 하늘과 새 땅을 상상해 보라고 한다.

가스펠 준비

환영해요

"기다립니다"(지도자용 팩)를 튼다. 아이들을 반갑게 맞이하며 헌금과 기도를 도와준다. 예배 중 헌금 순서가 있다면 아이들이 헌금을 잘 간수하도록 돕는다. 가방과 외투를 정리하도록 안내한다. 새로 온 아이가 있다면 음수대와 화장실의 위치를 알려 주고, 보호자와 만나는 시간과 방법 등을 소개한다. 보호자들을 위한 안내문을 붙여 아이와 만나는 시간, 기다리는 장소, 헌금 방법, 아이에 대한 특별한 주의 사항을 교사에게 미리 알려 달라는 당부 등을 공지한다.

마음 열기

주제와 관련 있는 퍼즐이나 블록 등 아이들이 좋아하는 장난감을 몇 가지 비치해 두고 다양한 활동을 하며 예배를 준비하도록 돕는다. 아이들이 마음을 열고 오늘의 주제에 관심을 갖게 하며 예배에 집중할 수 있도록 도와준다. 교회 형편에 맞게 시간과 활동 방법을 조절한다.

성경 연대표를 살펴보아요

준비물 ▶ 183쪽 가스펠 프로젝트 연대표(또는 유치부 교재 43쪽)

❶ '위대한 시작'부터 '다시 오실 그리스도'까지 연대표의 제목을 차례로 읽어 준다.

❷ 가스펠 프로젝트 연대표를 따라가며 성경 이야기의 흐름을 짚어 본다.

예) • "아담과 하와가 지은 죄에서 우리를 깨끗하게 하신 예수님의 탄생은 언제 이루어졌나요?"

　　• "하나님의 구출 계획으로 이집트의 노예 생활에서 벗어난 이스라엘 백성은 약속의 땅으로 들어갔어요."

　　• "선지자들이 예언했던 것처럼 하나님의 백성이 돌아왔어요."

　　• "예수님의 위대한 복음은 복음으로 세워진 교회를 통해 이루어 가요."

　　• "예수님의 부활은 다시 오실 예수님을 기다리는 것으로 연결되어요. 우리는 하나님의 약속을 믿고 다시 오실 예수님을 기다려요."

❸ 아이들에게 하나님은 오랜 시간이 걸릴지라도 약속을 꼭 지키시는 분이라고 이야기한다.

> **인도자** 하나님은 성경을 통해 우리에게 하신 약속을 꼭 지키시는 분이라는 사실을 보여 주셨어요. 오늘의 성경 이야기에서 어떤 사람들은 예수님이 다시 오시는 것을 기다리는 일이 지겹게 느껴졌어요. 그래서 하나님의 약속을 더 이상 믿지 않기로 했지요. 그렇다면 우리는 어떻게 해야 할까요? 오늘의 성경 이야기를 잘 들어 보세요.

기다려 보세요! ✳

❶ 아이들에게 1분 동안 할 수 있는 다양한 도전 과제를 제시한다.

예) 몸 꿈틀거리기, 날갯짓하기, 점프하기, 앉았다 일어나기 등.

❷ 도전 과제를 한 후 아이들에게 움직이지 말고 가만히 앉아 오늘의 성경 이야기를 기다리자고 한다.

> **tip** 가만히 무언가를 기다리는 것이 쉽지 않다는 것을 느낄 수 있도록 1분 이상 아무 말도 하지 않는다.

> **인도자** 참을성 있게 기다리는 일은 힘들어요. 단 1분도요! 혹시 오랫동안 기다려야 했던 적이 있나요? 오늘의 성경 이야기에서 베드로는 예수님이 다시 오시는 것을 기다려 온 그리스도인들에게 힘을 북돋워 주었어요. 성경 이야기를 잘 듣고 힘을 얻어 보아요.

진리를 찾으며 복습 게임을 해요 ✳

준비물 ▶ 성경책

❶ 아이들을 서로 마주보고 둥글게 앉힌 후 가운데 성경을 여러 권 놓아 둔다.

❷ 인도자가 지난 성경 이야기에 관한 문장을 제시할 텐데 참이면 성경 위에 손을 올리고, 거짓이면 일어나서 제자리에서 한 바퀴 돌고 앉으라고 한다.

예) • "하나님은 이 세상을 손으로 직접 빚어서 만드셨어요." : 거짓
  • "하나님은 이스라엘에 왕을 세우시지 않고 직접 다스리셨어요." : 거짓
  • "하나님은 선지자들을 통해 예수님이 오실 것이라고 말씀하셨어요." : 참
  • "예수님은 하나님이세요. 예수님은 우리를 사랑하셔서 이 땅에 오셨어요." : 참
  • "예수님은 부활하신 후 이 땅에 다시 오시지 않아요." : 거짓
  • "우리는 예수님에 관한 기쁜 소식인 복음을 전해야 해요." : 참

> **tip** 아이들이 많을 경우 성경책을 곳곳에 놓아 두고 활동하면 좋다.

> **인도자** 지난주에 우리는 하나님의 진리를 기억하는 것이 얼마나 중요한지를 배웠어요. 오늘은 예수님에 대해 거짓말을 한 사람들의 이야기를 좀 더 듣게 될 거예요. 오늘의 성경 이야기를 잘 듣고 하나님의 진짜 마음을 깨달아 보아요.

예배 대형으로 모이기

- 카운트다운 영상, 모이기 노래 등을 활용해 예배 대형으로 바꾸고 마음을 준비하게 한다.
- 공간을 이동해야 한다면 1부터 숫자를 세며 가도록 한다. 도착할 때까지 숫자를 세고 얼마나 걸리는지 재어 볼 수 있도록 지도한다.

가스펠 설교

하나 — 들어가기

아이들에게 "메리 크리스마스!"라고 인사한다. 크리스마스를 좋아하는 이유는 예수님이 태어나신 날이기 때문이라고 말해 준다. 아이들이 "아직 크리스마스가 아니에요"라고 말하면 실망하는 척한다.

저는 예수님의 생일을 기뻐하는 것이 좋아요. 예수님이 태어나신 날을 기념하는 크리스마스는 1년 중 가장 의미 있는 날이에요. 그런데 크리스마스를 기다리기가 정말 힘들어요! 하지만 하나님을 믿고 기다려야겠지요? 빨리 그날이 오면 좋겠어요. 우리는 오늘의 성경 이야기에서 하나님을 믿고 기다리는 법을 배울 거예요.

둘 — 성경 이야기

베드로후서 3장을 편다. 설교 영상(지도자용 팩)을 보여 주거나 이야기 성경을 들려준다.

성경에는 누구의 말씀이 들어 있나요? 맞아요, 하나님의 말씀이에요! 성경은 모두 사실인가요? 그렇지요! 오늘의 성경 이야기는 예수님의 제자 베드로가 그리스도인들에게 쓴 두 번째 편지인 '베드로후서'에 나와요. 신약성경에 있답니다.

셋 — 메시지와 정리

베드로는 다시 오실 예수님을 기다리며 복음을 전하라고 했어요. 하지만 하나님이 말씀하신 '곧'이라는 시간이 사람들에게는 오랜 시간처럼 느껴졌어요. 그래서 어떤 사람들은 그리스도인들이 예수님이 다시 오실 것이라고 믿는 것이 어리석은 일이라고 생각했어요. 하지만 예수님은 반드시 다시 오세요! 베드로는 하나님이 오래 참으시는 것이라고 말했어요. 하나님은 모든 사람이 예수님을 믿고 의지하기를 바라세요. 때가 되면 예수님이 다시 오실 거예요. 우리는 예수님이 오심으로 새 하늘과 새 땅이 만들어질 날을 간절히 기다려야 해요.

연대표(지도자용 팩)를 가리키면서 복습 질문을 한다.

1. 오늘의 성경 이야기에 나오는 편지는 누가 썼나요? 베드로
2. 예수님은 다시 오시나요? 꼭 다시 오신다
3. 예수님은 언제 다시 오시나요? 알 수 없다. 예수님이 언제 다시 오시는지는 오직 성부 하나님

만 아신다(마 24 : 36 참조)

4. 하나님은 약속을 늦게 지키시는 분인가요? 아니다. 하나님은 지금 오래 참으시는 것이다

5. 예수님은 다시 오시는 날 무엇을 새롭게 만드시나요? 하늘과 땅, 모든 피조물

넷 — 성경의 초점

새 하늘과 새 땅은 제가 정말 좋아하고 기다리는 크리스마스보다 더 흥미진진해요. 하지만 새 하늘과 새 땅이 만들어질 날을 기다리는 것은 힘들어요! 그래도 하나님이 힘을 주시니 기쁜 마음으로 기다릴 수 있어요. **우리는 다시 오실 예수님을 기다리며 어떻게 살아야 하나요? 진리를 기억하고, 믿음을 더욱 굳게 하며, 복음을 전해야 해요.**

다섯 — 복음 초청

성경과 106쪽 복음 초청 가이드를 이용해서 아이들에게 그리스도인이 되는 법을 설명해 준다. 따로 상담해 줄 사람을 정해 주고 궁금한 점이 있으면 물어보도록 격려한다.

이 시간 예수님을 믿고 마음에 모시고 싶은 친구는 함께 기도해요.

여섯 — 기도

사랑의 하나님, 하나님은 시간이 아무리 오래 걸려도 우리에게 약속하신 것은 반드시 지키시는 분임을 믿어요. 그래서 예수님이 언제 다시 오실지 알 수 없고, 또 그날까지 얼마나 오래 걸릴지 모르지만 약속의 하나님을 믿고 더 많은 사람에게 예수님을 전하며 기다릴래요. 우리가 기쁜 마음으로 기다릴 수 있도록 우리와 늘 함께해 주세요. 예수님의 이름으로 기도합니다. 아멘.

일곱 — 암송송

성경에서 디모데후서 3장 16절을 펴고 큰 소리로 여러 번 따라 읽게 한다.

2단원 암송 구절은 우리에게 모든 성경이 하나님의 감동으로 된 것이라고 말해요. 그러니까 베드로가 쓴 이 편지도 하나님의 감동으로 쓰인 거예요. 하나님의 감동으로 쓰인 책이라는 말은 성경에 적힌 말들이 모두 사실이라는 확신을 주어요. 하나님은 언제나 약속을 지키시는 분이기 때문에 우리는 참을성 있게 기다릴 수 있어요!

암송송(167쪽)에 맞추어 손유희를 하며 말씀을 익힌다.

"모든 성경은 하나님의 감동으로 된 것으로 교훈과 책망과 바르게 함과 의로 교육하기에 유익하니"(딤후 3:16).

가스펠
소그룹

알콩달콩 — 말씀 놀이

어떻게 기다려야 할까요?

준비물 ▶ 유치부 교재 22쪽, 45쪽 '나의 생활' 스티커, 색연필

이야기 나누기

- 예수님은 언제 오시나요?
- 예수님을 기다리며 우리는 어떻게 지내야 할까요?

❶ 아이들에게 예수님은 반드시 다시 오시지만 언제 오실지는 아무도 모른다고 말해 준다. 기다리던 예수님이 갑자기 오셨을 때 우리는 무엇을 하고 있으면 좋을지 질문하고 답을 들어 본다.

❷ 생각 주머니 안에 다시 오신 예수님을 만나 함께 기뻐하는 자신의 모습을 그려 보라고 한다.

❸ 예수님이 다시 오실 때까지 나는 무엇을 하며 기다릴지 이야기를 나누고 유치부 교재 45쪽 '나의 생활' 스티커를 떼어 빈칸에 붙이게 한다.

예) • 친구와 즐겁게 놀아요.

　• 어려운 이웃을 도와요.

　• 성경을 읽어요.

　• 기도해요.

　• 복음을 전해요.

tip 스티커를 붙이는 대신 원하는 장면을 그리게 해도 좋다.

인도자 예수님은 반드시 곧 다시 오겠다고 약속하셨어요. 그러므로 우리는 언제든지 예수님을 맞이할 준비가 되어 있어야 해요. **베드로는 다시 오실 예수님을 기다리며 복음을 전하라고 했어요.** 하나님이 세상을 심판하는 일을 지금 바로 하시지 않고 오래도록 참으시는 것이라고 했지요. 우리는 하나님을 믿고 예수님이 다시 오실 때까지 하나님이 기뻐하시는 모습으로 살아가야 해요. **우리는 다시 오실 예수님을 기다리며 어떻게 살아야 하나요? 진리를 기억하고, 믿음을 더욱 굳게 하며, 복음을 전해야 해요.**

준비하세요! ✱

준비물 ▶ 175, 177쪽 '인형 옷 입히기' 자료(또는 지도자용 팩), 가위

❶ 175, 177쪽 '인형 옷 입히기' 자료를 미리 잘라 둔다.

❷ 아이들을 2팀으로 나누고, 각 팀에 종이 인형을 한 세트씩 나누어 준다.

❸ 인도자의 지시를 따라 팀별로 서로 힘을 모아 옷을 입히라고 한다. 시간을 재어 기록 게임으로 진행해도 좋다.

예) "눈 내리는 바깥에 나갈 차림으로 준비하세요", "잠자리에 드는 차림으로 준비하세요" 등.

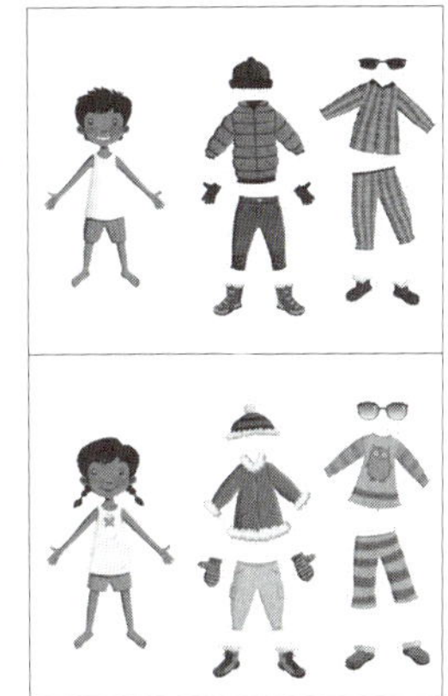

인도자 상황에 맞는 차림으로 잘 준비해 주었어요! 엄마가 잠자리에 들 시간이라고 말씀하시면 여러분은 잠옷을 입고 자러 갈 준비가 되었다는 것을 보여 주어요. 마찬가지로 예수님이 다시 오신다고 하신 약속을 들은 우리는 예수님의 말씀을 믿고 예수님을 맞이할 준비가 되어 있다는 것을 보여 드릴 수 있어요! **우리는 다시 오실 예수님을 기다리며 어떻게 살아야 하나요? 진리를 기억하고, 믿음을 더욱 굳게 하며, 복음을 전해야 해요.** 예수님이 정확하게 언제 오실지는 아무도 몰라요. 그래서 우리는 언제나 준비하고 있어야 해요. 베드로는 그리스도인들에게 하나님이 기뻐하시는 모습으로 살라고 말했어요.

며칠 남았나요? ✱

준비물 ▶ 달력, 사인펜, 183쪽 가스펠 프로젝트 연대표(또는 유치부 교재 43쪽)

❶ 아이들과 달력을 보면서 하루, 한 주, 한 달의 개념을 가르쳐 준다.

❷ 크리스마스가 얼마나 남았는지 달력을 이용해 세어 본다.

❸ 아이들에게 생일이나 좋아하는 휴일(어린이날, 추석 등)을 물어보고 달력에 각각 표시한 후 오늘부터 그날까지 얼마나 남았는지 다 같이 세어 본다.

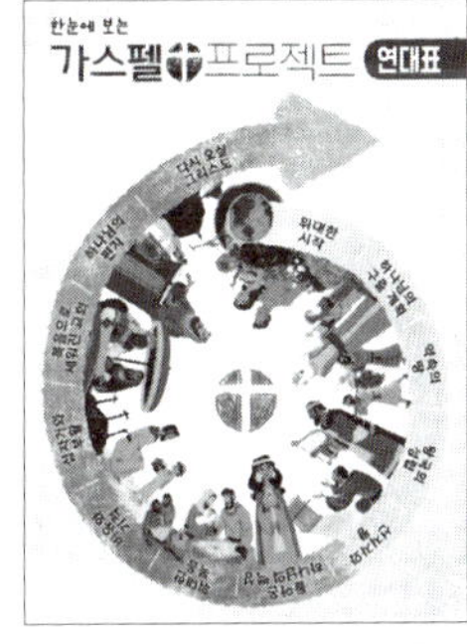

❹ 183쪽 가스펠 프로젝트 연대표(또는 유치부 교재 43쪽)를 보여 주면서, 하나님의 약속 중에서 이루어지기까지 수백 년이 걸린 경우를 말해 준다. 그 약속이 이루어지는 데는 오랜 시간이 흘렀지만 하나님은 약속을 지키셨다고 이야기해 준다.

예) "하나님은 언제나 약속을 지키시는 분이에요. 하나님이 아브라함에게 그의 자손이 하늘의 별보다 많아질 것이라고 말씀하신 일을 기억하나요? 사실 아브라함은 자신의 자녀와 손자, 손녀 몇 명밖에 못 보고 죽었어요. 하지만 수백 년 후 그의 자손은 수백만 명이 되었답니다" 등.

인도자 **베드로는 다시 오실 예수님을 기다리며 복음을 전하라고 했어요.** 하지만 '곧'이라는 시간은 정해진 날이나 어떤 주, 어떤 달, 어떤 해가 아니에요. 언제인지 알 수 없어요. 게다가 성경은 우리에게는 천 년이 하나님께는 하루와 같다고 말해요(벧후 3:8). 베드로는 하나님이 오래 참으시는 것이라고 말했어요. 하나님은 모든 사람이

예수님을 믿고 의지하기를 바라세요. 때가 되면 예수님이 다시 오실 거예요. 우리는 예수님이 오심으로 새 하늘과 새 땅이 만들어질 날을 소망하며 살아요.

자연에서 새로운 변화를 관찰해요 ✱

❶ 아이들과 함께 동물이나 식물의 변화를 나타내는 동영상 자료를 보며 이야기를 나눈다.

❷ 동물이든 식물이든 새로운 변화가 일어나는 데는 시간이 걸리며, 기다려야 한다고 말해 준다.

❸ 고린도후서 5장 17절 말씀("그런즉 누구든지 그리스도 안에 있으면 새로운 피조물이라 이전 것은 지나갔으니 보라 새 것이 되었도다")을 들려주면서, 우리도 예수님을 믿고 새롭게 변화되었다고 이야기해 준다. 예수님이 다시 오시면 우리도 새롭게 변화되고 새 하늘과 새 땅에서 살게 될 것이라고 말해 준다.

> **인도자** 우리가 동영상에서 본 동물이나 식물은 새롭게 성장하기 위해 옛 모습을 벗어야 했어요. 뱀은 허물을 벗으면 새 피부가 나타나요. 상어는 이가 빠지면 그 자리에 새 이가 나요. 가을이 되면 나무마다 나뭇잎이 모두 떨어지지만 봄이 되면 새 잎이 돋아나지요. 우리도 예수님이 다시 오시면 새롭게 변화되어요. **베드로는 다시 오실 예수님을 기다리며 복음을 전하라고 했어요.** 예수님이 다시 오심으로 새 하늘과 새 땅이 만들어질 거예요. 모든 것과 모든 사람이 새로워질 거예요!

예수님의 사랑을 전해요 ✱

❶ "우리는 예수님의 사랑을 전해야 해요!"라고 이야기하면서 아이들의 손등에 하트 스티커를 붙여 준다.

❷ 아이들에게 떼어 내지 않은 하트 스티커를 3개씩 나누어 주고, 찬양이 시작되면 친구들의 손등에 하트 스티커를 붙여 주라고 한다. 찬양이 멈추면 제자리에 서서 하트를 붙인 손등을 흔들면 된다고 말해 준다.

> **tip** 인도자는 말하지 않고 찬양을 이용해 게임의 시작과 끝을 알려 준다. 또한 소외되는 아이 없이 모든 아이가 친구로부터 하트 스티커를 받을 수 있도록 지도한다.

> **인도자** 하트 스티커를 잘 붙여 주었어요! 그런데 찬양이 언제 멈출지 아무도 몰랐지요? 이처럼 예수님이 정확하게 언제 오실지는 아무도 몰라요. 그래서 우리는 언제나 준비하고 있어야 해요. **베드로는 다시 오실 예수님을 기다리며 복음을 전하라고 했어요. 우리는 다시 오실 예수님을 기다리며 어떻게 살아야 하나요? 진리를 기억하고, 믿음을 더욱 굳게 하며, 복음을 전해야 해요.** 베드로는 하나님이 세상을 심판하는 일을 지금 당장 하시지 않고 오래 참으며 기다리시는 것이라고 말했어요. 하나님은 모든 사람이 예수님을 믿고 의지하기를 바라세요. 때가 되면 예수님이 다시 오실 거예요.

간식

❶ 카운트다운 영상, 정리하기 노래 등을 활용해 활동이 끝났음을 알린다. 아이들에게 주변을 정리하게 하고, 화장실에 가거나 물티슈 등을 이용해 손을 씻을 시간을 준다.

❷ 감사 기도를 드리고 과일 젤리를 간식으로 나누어 줄 텐데, 먹어도 좋다고 말할 때까지 참을성 있게 기다리라고 이야기한다. 1분 정도 기다린 후 함께 기도하고 먹는다. 아이들에게 베드로는 예수님이 곧 다시 오실 것이라고 했다고 말해 주며, 우리가 과일 젤리를 먹기 위해 기다린 것처럼 예수님을 기다려야 한다고 말해 준다. 하나님은 약속을 늦게 지키시는 분이 아니라 모든 사람이 예수님을 믿고 의지하기를 바라셔서 기다리시는 것이며, 하나님의 때가 되면 예수님이 다시 오실 것이라고 이야기한다.

❸ 간식을 먹은 후 마무리 정리를 잘하도록 지도한다.

마무리

❶ 이번 주 메시지 카드로 부모님과 함께 오늘 배운 성경 이야기를 나누어 보라고 한다.

가족과 활동해요

- 예수님을 믿지 않는 친구와 가족이 예수님이 다시 오시기 전에 죄에서 떠나 예수님을 따르게 해 달라고 기도하세요.
- 벼룩시장에 가서 오래된 물건을 찾아보세요. 복구하거나 새 물건처럼 개조해 새롭게 된다는 의미를 새겨 보세요.

❷ 나만의 기록장에 기록할 내용을 소개하고, 소그룹 활동지를 떼어 파일에 끼운 뒤 가방에 정리하게 한다.

❸ 아이들을 위해 기도한다.

> **인도자** 사랑의 하나님, 약속을 반드시 지키시는 하나님은 약속대로 온 세상을 구원해 주실 예수님을 보내 주셨어요. 그래서 좋으신 하나님은 예수님이 다시 오신다는 약속도 반드시 지키실 것이라고 믿어요. 하나님이 정하신 그때가 언제일지 모르지만, 다시 오실 예수님을 기다리며 더 많은 사람에게 예수님을 전하며 살 수 있도록 도와주세요. 예수님의 이름으로 기도합니다. 아멘.

❹ 아이를 데리러 온 부모에게 아이가 특별히 즐거워했거나 잘했던 활동들에 대해 이야기해 주고, 가정에서 성경 읽기와 가족 활동을 진행할 수 있도록 격려한다.

나만의 기록장

예수님이 다시 오실 때까지 예수님을 전하는 내 모습 그리기

만물을 새롭게 하시는 하나님

예수님의 제자 요한은 예수님을 이 땅에 다시 보내시려는 하나님의 계획을 좀 더 자세히 알려 주었습니다. 예수님은 다시 오셔서 죄로 망가진 모든 것을 되돌리시고 모든 것을 영원히 새롭게 하실 것입니다.

요한이 환상을
보았어요

일곱 교회를 향해
경고하셨어요

마라나타!
예수님,
어서 오세요!

어린양께
경배해요

날아라 풍선

카운트다운 영상(지도자용 팩)은 예배 대형으로 모이거나 대형을 바꾸며 준비할 시간을 알리는 데 활용한다. 익숙해질 때까지 중간에 남은 시간을 알리는 것도 좋다.

예) "1분 전입니다", "30초 전입니다. 마음을 가다듬고 기도하며 하나님께 나아갑시다" 등.

보좌에 앉으신 이가 이르시되 보라 내가 만물을 새롭게 하노라 하시고 또 이르시되 이 말은 신실하고 참되니 기록하라 하시고(계 21:5).

10 요한이 환상을 보았어요

주제	예수님이 환상으로 요한에게 나타나셨어요.
예수님 생각하기	예수님은 환상으로 요한에게 자신을 보여 주셨어요. 그리고 자신이 처음이자 마지막이고, 살아 있는 자라고 말씀하셨어요. 예수님은 이 땅에 계시는 동안 십자가의 죽음과 부활로 죄와 죽음을 이기셨어요. 예수님을 믿는 사람은 누구나 영원히 예수님과 함께 살게 될 거예요.

단원 암송   계 21:5

성경의 초점   예수님이 다시 오시면 어떤 일이 일어나나요?
예수님이 모든 것을 새롭게 하실 거예요.

사도 요한은 밧모섬에서 요한계시록을 썼습니다. 밧모는 로마의 황제가 죄수들을 유배 보내던 그리스의 작은 섬입니다. 아마 요한은 복음을 전한다는 이유로 체포되어 밧모섬에 유배되었을 것입니다.

이 과에서는 아이들에게 성경의 마지막 책인 요한계시록을 소개해 주십시오. 다른 책은 과거에 일어난 일을 이야기하지만 요한계시록은 미래에 일어날 일을 말합니다. 앞으로 이루어질 하나님의 나라가 어떤 모습일지 조금 엿보는 것만으로도 성도들은 소망을 얻고 그리스도를 신실하게 섬길 힘을 얻을 것입니다.

요한계시록 1장에서 예수님은 요한에게 환상으로 나타나 마지막 때에 관해 말씀하셨습니다. 요한은 자신이 본 것을 기록하라는 목소리를 들었습니다. 그가 몸을 돌이켜 보니 환상 속에 예수님이 계셨습니다. 예수님은 긴 옷을 입고 가슴에 금띠를 두르고 계셨습니다. 예수님의 머리와 머리카락은 눈처럼 희고, 두 눈은 불꽃처럼 빛났습니다.

요한계시록은 고도로 상징적인 책입니다. 따라서 예수님의 외양에 관한 묘사에 너무 치중하지 마십시오. 예수님의 모습은 모든 존귀를 받기에 합당하시며, 능력 있으시고, 승리하신 분이라는 예수님의 본성을 드러낼 뿐입니다.

요한은 예수님이 7개의 금 촛대 사이를 걸으시는 모습을 보았습니다. 7개의 금 촛대는 7개의 교회를 상징합니다. 요한은 예수님을 보고 예수님의 발 앞에 엎드려 죽은 자와 같이 되었습니다. 예수님은 몸을 숙여 요한에게 손을 얹으셨습니다. 그리고 "두려워하지 말라"(계 1:17)라고 말씀하셨습니다. 예수님은 자신이 처음이자 마지막이며, 살아 있는 자라고 하셨습니다.

●● 티칭 포인트

아이들에게 촛대는 어두운 곳에 빛을 비출 때 사용된다고 말해 주십시오. 어두운 세상에 복음이라는 빛을 비추는 것, 그것이 바로 교회가 있는 목적입니다. 예수님은 이 땅에 계시는 동안 십자가의 죽음과 부활로 죄와 죽음을 이기셨습니다. 이제 예수님은 하늘로 올라가 영광과 존귀 중에 계십니다. 우리는 주님과 영원히 함께할 미래를 고대할 수 있게 되었습니다.

요한이 환상을 보았어요

계 1:9~20

사도 요한도 다른 그리스도인들처럼 예수님을 전한다는 이유로 어려움을 겪고 사람들에게 미움을 받았어요. 로마의 황제는 요한을 밧모섬으로 보내는 벌을 내렸어요. 그곳에서 요한은 환상을 보았어요. 환상이란 깨어 있으면서 꾸는 꿈 같은 거예요.

요한은 나팔 소리같이 큰 목소리를 들었어요. "네가 보는 것을 두루마리에 써서 에베소, 서머나, 버가모, 두아디라, 사데, 빌라델비아, 라오디게아에 있는 7개의 교회에 보내라"라는 말씀이었어요.

요한이 뒤를 돌아보니 7개의 금 촛대가 보였어요. 그 금 촛대 사이에 요한에게 말하는 사람이 서 있었어요. 그분은 예수님이셨어요! 예수님은 긴 옷을 입고 가슴에 금띠를 두르고 계셨어요. 요한은 예수님을 보고 그분의 발 앞에 쓰러졌어요. 예수님은 요한에게 손을 얹고 말씀하셨어요. "두려워하지 마라! 나는 처음이자 마지막이며, 살아 있는 자다. 내가 전에 죽었으나 보아라. 나는 영원히 살아 있다."

예수님은 7개의 촛대가 7개의 교회라고 말씀하셨어요. 그리고 요한에게 지금 보는 모든 것을 적으라고 하셨어요.

●● 예수님 생각하기

예수님은 환상으로 요한에게 자신을 보여 주셨어요. 그리고 자신이 처음이자 마지막이고, 살아 있는 자라고 말씀하셨어요. 예수님은 이 땅에 계시는 동안 십자가의 죽음과 부활로 죄와 죽음을 이기셨어요. 예수님을 믿는 사람은 누구나 영원히 예수님과 함께 살게 될 거예요.

● **이야기 TIP** ●

- **그림을 그려요** : 인도자가 큰 소리로 이야기 성경을 읽는 동안 교사 한 명이 화이트보드나 흰색 전지에 이야기를 그림으로 그려 본다. 미리 그림을 그려 두어도 좋다.
- **동작으로 표현해요** : 교사 한 명에게 평범한 성경 시대 의상을 입히고(성가대 가운으로 대신해도 좋다) '요한'을 연기하게 한다. 또 다른 교사에게 하얀색 가운과 금색 가슴 띠를 둘러 주고 '예수님' 역할을 맡긴다. 이야기 성경을 읽는 동안 '요한'과 '예수님'을 앞으로 나오게 해 아이들에게 연기를 보여 준다.

가스펠
준비

환영해요

"그날의 주"(지도자용 팩)를 튼다. 아이들을 반갑게 맞이하며 헌금과 기도를 도와준다. 예배 중 헌금 순서가 있다면 아이들이 헌금을 잘 간수하도록 돕는다. 가방과 외투를 정리하도록 안내한다. 새로 온 아이가 있다면 음수대와 화장실의 위치를 알려 주고, 보호자와 만나는 시간과 방법 등을 소개한다. 보호자들을 위한 안내문을 붙여 아이와 만나는 시간, 기다리는 장소, 헌금 방법, 아이에 대한 특별한 주의 사항을 교사에게 미리 알려 달라는 당부 등을 공지한다.

마음 열기

주제와 관련 있는 퍼즐이나 블록 등 아이들이 좋아하는 장난감을 몇 가지 비치해 두고 다양한 활동을 하며 예배를 준비하도록 돕는다. 아이들이 마음을 열고 오늘의 주제에 관심을 갖게 하며 예배에 집중할 수 있도록 도와준다. 교회 형편에 맞게 시간과 활동 방법을 조절한다.

환상이 무엇일까요? ✱

❶ 아이들과 함께 환상을 본 성경 인물들에 대해 이야기를 나눈다.

   예) 에스겔(겔 47장, 성전에서 나오는 물), 이사야(사 6장, 보좌에 앉으신 하나님), 다니엘(단 7장, 네 짐승 환상; 단 10장, 힛데겔 강가에서 본 환상), 예레미야(렘 1장, 살구나무 가지와 끓는 가마 환상), 고넬료와 베드로(행 10장, 하나님의 사자와 보자기 환상) 등.

❷ 아이들에게 하나님은 요한에게도 환상을 보여 주셨다고 말해 준다.

> **인도자** 환상은 실제로 일어난 일이 아니라 깨어 있으면서 꾸는 꿈 같은 거예요. 하나님은 환상을 통해서 사람들에게 말씀하시기도 해요. 성경은 에스겔, 이사야, 다니엘, 예레미야 등 여러 선지자들이 환상을 보았다고 말해요. 고넬료와 베드로도 환상을 보았지요. 오늘의 성경 이야기에서는 하나님이 예수님의 제자 요한에게 보여 주신 환상에 대해 알아볼 거예요. 하나님은 미래에 이루어질 일에 대한 환상을 요한에게 보여 주셨는데, 이것을 '계시'라고 해요. 그래서 오늘의 성경 이야기가 담긴 성경책의 이름은 '요한계시록'이랍니다. 어떤 환상인지 함께 알아보도록 해요.

섬을 찾아보아요 ✱   준비물 ▶ 섬이 포함된 지리·지형 사진 자료

❶ 아이들에게 섬이 포함된 지리·지형 사진 자료를 보여 주면서 반도, 섬, 대륙의 차이점을 설명한다.

    예) • 반도 : 3면이 바다이고 한쪽만 육지에 닿아 있는 지형

        • 섬 : 모든 면이 바다인 육지의 일부

        • 대륙 : 해양의 영향이 내륙부에까지 직접적으로 미치지 않는 육지

❷ 오늘의 성경 이야기에 나오는 요한이 있던 곳은 '섬'이라고 알려 준다.

> **인도자** 오늘의 성경 이야기에서 예수님의 제자 요한은 어떤 섬에 있었어요. '섬'이란 우리가 사진 자료에서 보았듯이, 모든 면이 바다인 땅, 즉 물로 둘러싸인 땅을 말해요. 요한은 예수님을 전한다는 이유로 붙잡혀 섬에 갇혀 있었어요. 그런데 요한이 섬에 있는 동안 놀라운 일이 일어났어요. 과연 무슨 일인지 오늘의 성경 이야기를 잘 들어 보세요.

예배 대형으로 모이기

- 카운트다운 영상, 모이기 노래 등을 활용해 예배 대형으로 바꾸고 마음을 준비하게 한다.
- 공간을 이동해야 한다면 '하나'부터 '일곱'까지 천천히 세며 가도록 한다.

가스펠 설교

하나 — 들어가기

오랫동안 만나지 못한 친구에 대해서 이야기해 준다. 아이들에게도 오랫동안 못 본 사람이 있는지 물어본다.

오늘의 성경 이야기에서 예수님의 제자 요한은 환상으로 예수님을 만났어요. 요한이 예수님을 마지막으로 본 것은 오래전 예수님이 부활하신 후 하늘로 올라가시기 전이었어요. 예수님을 다시 만난 요한은 경배하며 예수님의 발 앞에 쓰러졌어요. 그런 요한에게 예수님은 과연 무엇이라고 말씀하셨을까요? 이제 이야기를 잘 들어 보세요.

둘 — 성경 이야기

요한계시록 1장을 편다. 설교 영상(지도자용 팩)을 보여 주거나 이야기 성경을 들려준다.

우리는 성경에 나오는 말씀을 모두 믿을 수 있어요. 그 말씀은 모두 참이니까요! 성경은 하나님이 우리에게 주신 것이기 때문에 믿을 만한 책이에요. 오늘의 성경 이야기는 신약성경 중에서 '요한계시록'에 나와요.

셋 — 메시지와 정리

예수님이 환상으로 요한에게 나타나셨어요. 예수님은 일곱 교회에게 전할 특별한 말씀이 있었어요. 그래서 요한에게 받아쓰게 하셨지요. 예수님은 요한에게 자신이 처음이자 마지막이고, 살아 있는 자라고 말씀하셨어요.

연대표(지도자용 팩)를 가리키면서 복습 질문을 한다.

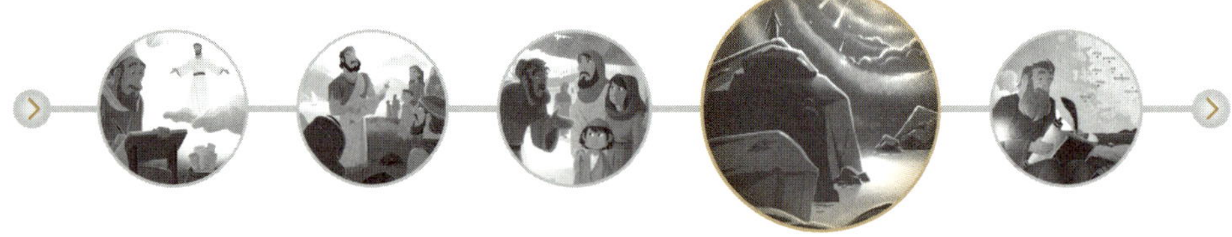

1. 요한은 어디에 있는 동안 환상을 보았나요? 밧모섬
2. 요한은 왜 밧모섬에 있었나요? 사람들에게 예수님을 전한다는 이유로 섬에 갇히는 벌을 받았다
3. 요한은 몇 개의 교회에 편지를 써야 했나요? 7개의 교회
4. 요한은 몇 개의 금 촛대를 보았나요? 7개
5. 환상에서 누가 요한에게 말씀하셨나요? 예수님
6. 예수님을 본 요한은 어떻게 했나요? 예수님의 발 앞에 쓰러졌다

넷 — 성경의 초점

3단원 '성경의 초점'을 알려 드릴게요. 잘 기억하세요. **"예수님이 다시 오시면 어떤 일이 일어나나요?"**, **"예수님이 모든 것을 새롭게 하실 거예요."** 예수님은 이미 죄와 죽음과의 싸움에서 이기셨기 때문에 모든 것을 새롭게 하실 수 있어요. 예수님은 처음이자 마지막이시고, 살아 있는 분이세요!

다섯 — 복음 초청

성경과 106쪽 복음 초청 가이드를 이용해서 아이들에게 그리스도인이 되는 법을 설명해 준다. 따로 상담해 줄 사람을 정해 주고 궁금한 점이 있으면 물어보도록 격려한다.

이 시간 예수님을 믿고 마음에 모시고 싶은 친구는 함께 기도해요.

여섯 — 기도

사랑의 하나님, 요한에게 예수님의 환상을 보여 주셔서 예수님이 어떤 분이신지 알게 해 주셔서 감사해요. 또 예수님이 교회를 위해서 말씀해 주셨다는 것을 알게 해 주셔서 감사해요. 예수님은 십자가에서 죽으셨다가 다시 살아나셨어요. 우리가 죄와 죽음을 이기신 예수님을 믿고 의지하면 하나님 나라에서 예수님과 함께 영원히 살 수 있다는 기쁜 소식을 이웃에게도 전하며 살게 해 주세요. 예수님의 이름으로 기도합니다. 아멘.

일곱 — 암송송

성경에서 요한계시록 21장 5절을 펴고 큰 소리로 여러 번 따라 읽게 한다.

3단원 암송 구절에는 예수님이 하신 말씀이 나와요. 예수님은 십자가에서 죽으시고 다시 살아나셨어요. 예수님은 살아 계시고, 보좌에 앉아 계세요! 우리가 오늘의 성경 이야기를 믿을 수 있는 이유는 그 내용이 사실이고, 예수님의 말씀이기 때문이에요.

암송송(168쪽)에 맞추어 손유희를 하며 말씀을 익힌다.

"보좌에 앉으신 이가 이르시되 보라 내가 만물을 새롭게 하노라 하시고 또 이르시되 이 말은 신실하고 참되니 기록하라 하시고"(계 21:5).

가스펠
소그룹

알콩달콩 말씀 놀이

어울리지 않는 것은?

나는 처음이요
마지막이니
곧 살아 있는 자라

이야기 나누기

- 예수님은 요한에게 무엇을 보여 주셨나요? 그리고 왜 보여 주셨을까요?
- 요한의 환상 속에 나타나신 예수님은 자신이 어떤 분이라고 하셨나요?
- 예수님은 요한에게 무엇을 하라고 말씀하셨나요?

❶ 요한은 밧모섬에 있을 때 환상 속에서 본 예수님의 말씀을 받아 적었다고 말해 주고, 어울리지 않는 그림 8곳을 찾아 ◯표 하라고 한다.

❷ 요한이 환상 속에서 본 예수님은 자신을 누구라고 소개하셨는지 물어본다.

❸ 예수님이 자신을 소개하신 말씀("나는 처음이요 마지막이니 곧 살아 있는 자라", 계 1:17~18 참조)을 인도자를 따라 읽게 하고, 흐린 글씨를 따라 쓰게 한다.

tip 단어의 뜻을 하나하나 물어보고 설명해 준다.

인도자 **예수님이 환상으로 요한에게 나타나셨어요.** 그리고 예수님은 요한이 본 모든 것을 두루마리에 써서 7개의 교회에 알려 주기를 원하셨어요. 예수님이 보여 주신 모든 것은 앞으로 실제 일어날 일들이고, 살아 계신 하나님의 말씀이에요. 예수님은 처음이자 마지막이시고, 십자가의 죽음과 부활로 죄와 죽음을 이기고 지금도 살아 계셔서 우리와 함께하세요. 예수님을 믿는 사람은 누구나 영원히 예수님과 함께 살게 될 거예요.

누구 뒤에 예수님이 계실까요? ✱

❶ 아이들을 4~5명씩 앞으로 나오게 해 친구들을 바라보도록 세운다. 교사 한 명에게 '예수님' 역할을 맡긴다.

❷ 인도자가 찬양을 틀면 아이들에게 춤을 추라고 한다. 그동안 '예수님'에게 아이들 중 한 명의 뒤에 가서 서라고 한다.

tip 앉아 있는 친구들에게 예수님 앞에 서 있는 아이가 눈치채지 않도록 조용히 있어 달라고 부탁한다.

❸ 찬양을 멈추고, 자기 뒤에 '예수님'이 계실 것 같은 사람은 손을 들어 보라고 한다.

❹ "하나, 둘, 셋!"을 외친 후 동시에 뒤를 돌아볼 수 있도록 지도한다.

❺ 참여한 아이들에게 하트 스티커를 붙여 준다.

❻ 모든 아이가 참여할 수 있도록 활동을 반복한다.

인도자 오늘의 성경 이야기에서 요한은 환상 중에 자기 뒤에서 어떤 목소리를 들었어요. 그래서 뒤를 돌아보았더니 놀랍게도 예수님이 서 계셨어요! **예수님이 환상으로 요한에게 나타나셨어요.** 예수님은 요한이 본 것을 글로 쓰기를 바라셨어요. 요한은 그 말씀이 하나님의 말씀이라고 믿고 순종하며 기록했어요.

별을 세어 보아요 *

준비물 ▶ 179쪽 '별' 그림(또는 지도자용 팩), 컬러 A4 용지, 가위

❶ 179쪽 '별' 그림(또는 지도자용 팩)을 컬러 A4 용지에 여러 장 프린트하고 별을 오려 둔다.

❷ 아이들에게 ❶을 보여 주고, 크기나 색깔별로 분류해 보라고 한다.

❸ 분류를 마치면 각각 몇 개의 별이 있는지 다 같이 세어 본다.

인도자 성경은 **예수님이 환상으로 요한에게 나타나셨**을 때 7개의 금 촛대 사이에 계셨고, 손에는 7개의 별이 있었다고 말해요. '7개의 금 촛대'는 교회이고, '7개의 별'은 7개 교회의 지도자를 의미해요. 교회는 금 촛대처럼 세상에서 빛의 역할을 해야 해요. 우리는 모두 예수님의 손에 들린 별처럼 예수님의 사랑과 보호를 받는 사람들이에요! 예수님은 이 땅에 계시는 동안 십자가의 죽음과 부활로 죄와 죽음을 이기셨어요. 예수님을 믿는 사람은 누구나 영원히 예수님과 함께 살게 될 거예요.

나팔을 만들어요 *

준비물 ▶ 종이컵, 커터 칼, 키친타월 속대, 글루건, 꾸미기 재료(색연필, 사인펜, 스티커 등)

❶ 종이컵 바닥에 커터 칼을 이용해 큰 구멍을 내고 키친타월 속대를 끼운 후 글루건을 이용해 붙여 '나팔'을 만든다. 아이들의 수만큼 준비해 둔다.

❷ 아이들에게 ❶을 나누어 주면서 '나팔'이라고 설명하고, 나팔을 부는 흉내를 내 보라고 한다.

❸ 꾸미기 재료를 이용해 '나팔'을 꾸밀 수 있도록 지도한다.

 요한은 환상에서 나팔 소리 같은 큰 목소리를 들었어요. 바로 예수님의 목소리였어요! **예수님이 환상으로 요한에게 나타나셨어요.** 그리고 자신이 처음이자 마지막이고, 살아 있는 자라고 말씀하셨어요. 예수님은 이 땅에 계시는 동안 십자가의 죽음과 부활로 죄와 죽음을 이기셨어요. 예수님을 믿고 의지하는 사람은 누구나 영원히 예수님과 함께 살게 될 거예요.

두루마리를 만들어요 ✳ 준비물 ▶ 화선지, 크레파스, 리본

❶ 아이들에게 화선지를 나누어 주고, 앞뒤 면을 만져 보라고 한다. 부드러운 면이 앞쪽이고, 거친 면이 뒤쪽이라고 말해 주고 부드러운 면에 그림을 그릴 것이라고 이야기한다.

❷ 예수님이 나의 환상 가운데 나타나시면 무슨 말씀을 하실지 상상해 보고 그림을 그리거나 예수님께 편지를 써 보자고 한다.

❸ 화선지를 양쪽에서부터 둘둘 말아 두루마리를 만들고 리본으로 묶어 준다.

 오늘의 성경 이야기에서 **예수님이 환상으로 요한에게 나타나셨어요.** 예수님은 요한이 그가 본 것을 모두 두루마리에 써서 7개의 교회에 보내기를 바라셨어요. 예수님은 요한에게 예수님이 처음이자 마지막이시고, 살아 있는 자라고 말씀하셨어요! 예수님은 십자가의 죽음과 부활로 죄와 죽음을 이기셨어요. 예수님을 믿는 사람은 누구나 영원히 예수님과 함께 살게 될 거예요.

살아 있는 것과 살아 있지 않은 것을 찾아요 ✳ 준비물 ▶ 살아 있는 것과 살아 있지 않은 것이 담긴 책

❶ 살아 있는 것과 살아 있지 않은 것이 담긴 책을 여러 권 준비한다.

❷ 책을 펴고 아이들에게 그림을 하나하나 가리키며 무엇이 살아 있는 것인지, 살아 있지 않은 것인지 질문하고 답을 들어 본다.

 살아 있는 것과 살아 있지 않은 것에 대한 책을 봤어요. 이것은 단지 책에 있는 그림일 뿐이에요. 하지만 예수님의 말씀은 살아 있고 운동력 있는 것이에요! 또 하나의 질문을 할게요. 예수님은 살아 계실까요, 살아 계시지 않을까요? 아이들의 답을 기다린다. 정말 잘 대답해 주었어요. 예수님은 지금도 살아서 우리와 함께 계세요. 예수님은 우리의 죄 때문에 십자가에서 죽으셨지만 다시 살아나셨고, 지금도 살아 계세요! 오늘의 성경 이야기에서 **예수님이 환상으로 요한에게 나타나셨어요.** 그리고 자신이 처음이자 마지막이고, 살아 있는 자라고 말씀하셨어요. 예수님을 믿고 의지하는 사람은 누구나 영원히 예수님과 함께 살게 될 거예요.

간식

❶ 카운트다운 영상, 정리하기 노래 등을 활용해 활동이 끝났음을 알린다. 아이들에게 주변을 정리하게 하고, 화장실에 가거나 물티슈 등을 이용해 손을 씻을 시간을 준다.

❷ 감사 기도를 드리고 구운 식빵을 별 모양 빵틀로 찍어 간식으로 나누어 준다. 예수님이 환상으로 요한에게 나타나셨을 때 그분의 손에 7개의 별이 있었다고 말해 준다. 예수님은 살아 계시기 때문에 자신을 처음이자 마지막이며, 살아 있는 자라고 부르셨다는 점을 다시 한번 이야기해 준다. 예수님은 우리의 죄 때문에 십자가에서 죽으셨고, 다시 살아나셨으며, 영원히 살아 계신다고 말한다.

❸ 간식을 먹은 후 마무리 정리를 잘하도록 지도한다.

마무리

❶ 이번 주 메시지 카드로 부모님과 함께 오늘 배운 성경 이야기를 나누어 보라고 한다.

가족과 활동해요

- 지도나 지구본을 보면서 섬을 찾아보세요.
- 성경에서 요한계시록을 찾아보세요.
- 어두운 방에서 촛불이나 손전등을 켜세요. 교회가 왜 어두움 속의 빛과 같아야 하는지 이야기를 나누어 보세요.

❷ 나만의 기록장에 기록할 내용을 소개하고, 소그룹 활동지를 떼어 파일에 끼운 뒤 가방에 정리하게 한다.

❸ 아이들을 위해 기도한다.

> **인도자** 하나님, 요한에게 환상으로 나타나신 예수님이 십자가와 부활로 죄와 죽음을 이기시고 지금도 우리 곁에 살아 계심을 믿어요. 예수님을 믿는 사람은 누구나 영원히 예수님과 함께 살 수 있어요. 이 기쁜 소식을 온 세상에 전하며 살고 싶어요. 예수님의 이름으로 기도합니다. 아멘.

❹ 아이를 데리러 온 부모에게 아이가 특별히 즐거워했거나 잘했던 활동들에 대해 이야기해 주고, 가정에서 성경 읽기와 가족 활동을 진행할 수 있도록 격려한다.

빌립보
데살로니가
베뢰아
드로아
(소)아시아
버가모
두아디라
서머나
사데
빌라델비아
에베소
밀레도
라오디게아
고린도
아테네
밧모섬
북
서
동
남
갈라디아
안디옥
이고니온
루스드라
버가
지중해
요한계시록의 일곱 교회
도시

11

일곱 교회를 향해 경고하셨어요

[계 2~3장]

주제 — 예수님은 일곱 교회를 향해 믿음 안에서 굳게 서라고 말씀하셨어요.

예수님 생각하기 — 예수님은 교회를 사랑하세요. 예수님은 일곱 교회에게 죄에서 떠나 끝까지 믿음을 지키라고 말씀하셨어요. 예수님은 교회를 통해 그리스도인들이 서로 힘을 모아 하나님의 계획을 이루어 갈 수 있도록 도우세요.

단원 암송 — 계 21:5

성경의 초점 — 예수님이 다시 오시면 어떤 일이 일어나나요?
예수님이 모든 것을 새롭게 하실 거예요.

요한계시록은 요한이 본 환상에 관한 설명으로 시작합니다. 환상에서 예수님은 요한에게 7개 지역의 교회에 전할 말씀을 주셨습니다. 예수님은 요한에게 이 말씀을 두루마리에 써서 7개의 교회에 보내라고 하셨습니다.

대부분의 경우 예수님은 교회의 선행을 칭찬하시고, 고쳐야 할 부분에 대해서는 경고하셨습니다. 그리고 주님께 돌아올 것을 촉구하셨습니다. 예수님은 다른 것보다 주님을 향한 사랑을 잊으면 안 된다고 경고하셨습니다. 또한 시험당할 것을 두려워하지 말라고 격려하셨습니다. 악에 둘러싸인 사람들에게는 믿음을 버리지 말라고 당부하셨습니다. 그럴 때마다 예수님은 끝까지 믿음을 지키는 자들에게 상을 주겠다고 약속하셨습니다.

교회는 예수님을 믿고 의지하는 사람들로 이루어져 있습니다. 그들은 서로에게 헌신하며, 함께 모여 예수님을 예배하고 복음을 전합니다. 예수님은 신랑이 신부를 사랑하듯 교회를 사랑하십니다(엡 5:25~27; 계 19:7~9 참조). 예수님은 말씀으로 교회가 죄를 버리고 믿음을 끝까지 지킬 것을 요구하셨습니다. 주님은 노하기를 더디 하시고(출 34:6~7), 오래 참으시며, 모든 사람이 회개하기를 바라십니다(벧후 3:9).

● ● 티칭 포인트

요한계시록에 등장하는 예수님의 경고는 소아시아 지역(지금의 터키 지역)에 있는 특정한 교회들을 향한 것이었지만, 그들이 당면했던 문제는 오늘날 교회에서도 볼 수 있습니다. 아이들이 초대교회가 직면했던 문제들을 이해할 수 있도록 도와주십시오. 그들은 하나님을 충분히 사랑하지 않았고, 거짓 가르침에 속았으며, 옳지 않은 행동을 했고, 미지근했습니다. 그리스도의 대의명분에 도움이 되지 않았다는 말입니다.

우리는 교회가 복음을 전하는 일에 충실하고, 하나님 나라의 확장을 위한 효율적인 도구가 되게 해 달라고 기도해야 합니다. 예수님이 교회를 사랑하시기 때문에 우리도 교회를 사랑해야 합니다. 예수님은 그리스도인들이 협력하여 하나님의 일을 이룰 수 있도록 교회를 통해 도우십니다.

마지막으로, 예수님은 그리스도인들에게 깨어 있으라고 경고하셨습니다. 주님은 아무도 예상하지 못한 때에 마치 도둑처럼 갑자기 오실 것이기 때문입니다. 그리스도인들은 그때나 지금이나 언제나 준비되어 있어야 합니다.

일곱 교회를 향해 경고하셨어요

계 2~3장

요한은 밧모섬에 있을 때 환상으로 예수님을 보았어요. 예수님은 요한에게 7개의 교회에게 주는 말씀을 받아 적으라고 하셨어요. 에베소, 서머나, 버가모, 두아디라, 사데, 빌라델비아, 라오디게아에 있는 교회들이었지요. 요한은 예수님께 순종했어요. 그리고 요한은 다음과 같이 편지를 썼어요.

"에베소 교회에게 : 너는 나를 위해 수고하고, 사람들이 나쁜 일을 하면 슬퍼한다. 그러나 예전만큼 나를 사랑하지 않는구나. 처음에 그랬던 것처럼 나를 더 사랑해라."

"서머나 교회에게 : 너는 가난하고 고통받고 있지만, 사실은 부자다! 사람들이 너에게 나쁜 말을 하는 것을 안다. 감옥에 가거나 죽임을 당하기도 할 것이다. 그래도 두려워하지 마라."

"버가모 교회에게 : 네 이웃은 악한 일을 하지만 너는 나에 대한 믿음을 저버리지 않는구나. 너는 어려움을 겪으면서도 다른 사람에게 나를 전했다. 그러나 교회에 있는 몇몇 사람이 옳은 일을 하고 있지 않구나. 죄를 버리고 나에게 돌아오너라!"

"두아디라 교회에게 : 너의 사랑과 믿음을 안다. 너는 다른 사람들을 섬긴다. 그러나 너희 중에는 거짓말을 믿는 사람이 있다. 내가 가서 그들에게 벌을 주겠다. 진실을 믿어라."

"사데 교회에게 : 네가 예전에는 나를 사랑하고 믿음을 지켰다. 그러나 이제 나를 섬기지도 않고 사랑하지도 않는다. 내가 다시 올 날을 위해 준비하라. 죄를 그만 짓고 예수님에 관한 기쁜 소식인 복음을 기억하라."

"빌라델비아 교회에게 : 너는 작은 교회이지만, 내 말을 듣고 순종했다. 내가 곧 올 것이다. 계속 믿음을 지키고 나를 맞이할 준비를 해라."

"라오디게아 교회에게 : 너는 뜨겁지도 않고 차지도 않아 아무 데도 쓸모가 없다. 너를 입에서 뱉어 버리겠다! 너는 자신이 부자라고 생각하지만, 사실은 가난하고 눈멀고 벌거벗었다. 나에게 오너라. 내가 너를 부자가 되게 해 주겠다. 내가 너를 보게 하며 네게 옷을 입혀 주겠다."

또한 예수님은 이렇게 말씀하셨어요. "보아라! 내가 문 앞에 서서 문을 두드린다. 누구

● 이야기 TIP ●

- **움직이며 읽어요** : A4 용지 7장에 간단하게 교회를 하나씩 그리고 7개의 교회 이름을 각각 쓴 후 예배실 벽 곳곳에 붙여 둔다. 인도자가 각 교회의 이름 옆에 서서 예수님이 그 교회에 보내신 편지에 해당하는 이야기 성경을 읽어 준다.
- **편지를 읽어요** : 예수님이 각 교회에 보내신 편지를 각각 다른 종이에 써서 편지 봉투에 담아 둔다. 이야기 성경을 읽다가 해당 교회 차례가 되면 봉투에서 편지를 꺼내 큰 소리로 읽어 준다.

든지 내 목소리를 듣고 문을 열면 내가 들어가 그와 함께 먹고 그는 나와 함께 먹을 것이다." 예수님은 믿음을 저버리지 않고 순종하는 모든 그리스도인에게 상을 주실 거예요. 요한은 이렇게 썼어요. "귀 있는 사람은 성령이 교회들에게 하시는 말씀을 들으십시오."

● ● 예수님 생각하기

예수님은 교회를 사랑하세요. 예수님은 일곱 교회에게 죄에서 떠나 끝까지 믿음을 지키라고 말씀하셨어요. 예수님은 교회를 통해 그리스도인들이 서로 힘을 모아 하나님의 계획을 이루어 갈 수 있도록 도우세요.

가스펠 준비

싱글벙글 —— 환영해요

"그날의 주"(지도자용 팩)를 튼다. 아이들을 반갑게 맞이하며 헌금과 기도를 도와준다. 예배 중 헌금 순서가 있다면 아이들이 헌금을 잘 간수하도록 돕는다. 가방과 외투를 정리하도록 안내한다. 새로 온 아이가 있다면 음수대와 화장실의 위치를 알려 주고, 보호자와 만나는 시간과 방법 등을 소개한다. 보호자들을 위한 안내문을 붙여 아이와 만나는 시간, 기다리는 장소, 헌금 방법, 아이에 대한 특별한 주의 사항을 교사에게 미리 알려 달라는 당부 등을 공지한다.

너랑 나랑 —— 마음 열기

주제와 관련 있는 퍼즐이나 블록 등 아이들이 좋아하는 장난감을 몇 가지 비치해 두고 다양한 활동을 하며 예배를 준비하도록 돕는다. 아이들이 마음을 열고 오늘의 주제에 관심을 갖게 하며 예배에 집중할 수 있도록 도와준다. 교회 형편에 맞게 시간과 활동 방법을 조절한다.

두루마리를 펼쳐요 * ···· 준비물 ▶ 4절지, 연필, 형광펜, 끈, 찬양 음원, 음원을 재생할 수 있는 도구(CD플레이어, 스마트폰 등)

❶ 4절지에 연필을 이용해 11과의 '예수님 생각하기'를 적고 중요한 부분에 형광펜으로 표시한 후 둘둘 말아 끈으로 묶어 두루마리를 만들어 둔다.

❷ 아이들을 마주보고 둥글게 앉힌 후 한 아이에게 두루마리를 전달한다.

❸ 인도자가 찬양을 틀면 두루마리를 옆 친구에게 건네라고 한다.

❹ 인도자가 찬양을 멈추면서 "그만!"이라고 외칠 텐데, 그때 두루마리를 들고 있는 아이가 일어나 두루마리를 풀어서 형광펜으로 표시한 부분을 인도자를 따라 큰 소리로 읽으면 된다는 게임의 규칙을 설명해 준다.

❺ 시간 여유가 있으면 활동을 여러 번 반복한다.

> **인도자** 우리는 친구에게 두루마리에 담긴 예수님에 관한 진리를 전했어요! 정말 잘했어요! 오늘의 성경 이야기에서 예수님은 7개의 교회에 7개의 서로 다른 말씀을 전해 주셨어요. 어떤 말씀이었는지 궁금하지요. 오늘의 성경 이야기를 잘 들어 보세요.

짝이 되는 카드를 찾아요 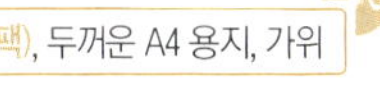

준비물 ▶ 180쪽 '경고 표지판' 그림(또는 지도자용 팩), 두꺼운 A4 용지, 가위

❶ 180쪽 '경고 표지판' 그림(또는 지도자용 팩)을 두꺼운 A4 용지에 2장 프린트해 오려 '경고 표지판 카드'를 만들어 둔다.

❷ 아이들에게 '경고 표지판 카드'에 적힌 경고문의 의미를 설명해 주고 관찰할 시간을 준다.

❸ 연령대가 낮은 경우 그림이 보이도록 격자무늬로 카드를 놓고 짝이 되는 '경고 표지판 카드'를 찾아보라고 한다. 연령대가 높은 경우 그림이 보이지 않도록 격자무늬로 카드를 놓고 2장씩 뒤집어 짝을 찾으라고 한다.

❹ 짝이 되는 카드를 알맞게 찾았다면 기회를 1회 더 주고, 짝이 아닌 경우 다음 아이에게 기회가 넘어간다는 게임의 규칙을 설명해 준다.

❺ 모든 짝을 찾을 때까지 게임을 계속한다.

> **인도자** 똑같은 '경고 표지판 카드'를 잘 찾았어요. 이 표지판들은 우리에게 앞으로 어떤 일이 일어날지를 알려 주어서 조심하도록 도와준답니다. 오늘의 성경 이야기에서 교회를 사랑하신 예수님은 7개의 교회에 전할 말씀이 있었어요. 예수님은 7개의 교회들이 잘하고 있는 일에 대해 격려해 주셨고, 잘못하고 있는 일에 대해 경고하기도 하셨어요. 이제 그 교회들이 어떤 일들을 했는지, 오늘의 성경 이야기를 잘 듣고 알아보아요.

예배 대형으로 모이기

- 카운트다운 영상, 모이기 노래 등을 활용해 예배 대형으로 바꾸고 마음을 준비하게 한다.
- 공간을 이동해야 한다면 편지 쓰는 흉내를 내며 가도록 한다.

가스펠 설교

하나 – 들어가기

횡단보도 앞에 서면 부모님이 무엇이라고 말씀하시나요? 아이들의 답을 기다린다. 길을 건너기 전에 항상 양옆을 살피라고 하시지요. 우리를 사랑하기 때문에 위험에서 지키려고 하시는 말씀이에요! 오늘의 성경 이야기에서 예수님은 7개의 교회에 말씀을 전하셨어요. 그들을 매우 사랑하시기 때문에, 예수님을 가장 사랑하라고 격려해 주고 싶으셨던 거예요. 또한 그들이 잘못하고 있는 일에 대해서는 경고하셨지요.

둘 – 성경 이야기

요한계시록 2~3장을 편다. 설교 영상(지도자용 팩)을 보여 주거나 이야기 성경을 들려준다.

성경은 모두 참이기 때문에 우리는 성경을 믿을 수 있어요! 하나님은 성경을 통해 우리에게 하나님의 말씀을 주세요. 오늘의 성경 이야기는 신약성경 중에서 '요한계시록'에 나와요.

셋 – 메시지와 정리

예수님은 일곱 교회를 향해 믿음 안에서 굳게 서라고 말씀하셨어요. 예수님은 교회를 사랑하시고 그들이 죄를 버리기를 바라시기 때문이에요. 교회들은 여러 가지 모습으로 하나님께 불순종하고 있었어요. 예수님은 모든 교회가 진리를 기억하고, 죄를 버리고, 예수님을 따르기를 바라셨어요.

연대표(지도자용 팩)를 가리키면서 복습 질문을 한다.

1. 요한에게 말씀을 전하라고 명령하신 분은 누구이신가요? 예수님
2. 예수님은 몇 개 교회에 말씀을 전하라고 하셨나요? 7개의 교회
3. 예수님이 교회들에게 전하신 말씀은 무엇이었나요? 처음처럼 나를 더 사랑해라(에베소 교회), 고난받아도 두려워하지 마라(서머나 교회), 죄를 버리고 나에게 돌아오너라(버가모 교회), 진실을 믿어라(두아디라 교회), 죄를 그만 짓고 예수님에 관한 기쁜 소식인 복음을 기억하라(사데 교회), 계속 믿음을 지키고 나를 맞이할 준비를 해라(빌라델비아 교회), 나에게 오너라(라오디게아 교회)

4. 예수님은 믿음을 지키고 순종하는 그리스도인에게 어떻게 해 주시나요? 상을 주신다

5. 요한은 누구에게 이 말씀을 들으라고 말했나요? 들을 귀가 있는 사람

넷 — 성경의 초점

3단원의 '성경의 초점' 질문에도 답해 보세요. **"예수님이 다시 오시면 어떤 일이 일어나나요?"** 아이들의 답을 기다린다. 모두들 잘 대답해 주었어요! **"예수님이 모든 것을 새롭게 하실 거예요."** 예수님이 다시 오셔서 모든 것을 새롭게 하시기를 기다리는 동안 우리는 무엇을 해야 할까요? 우리는 예수님이 교회에 보내신 말씀을 듣고 따라야 해요. 예수님을 따르려면 우리의 힘만으로는 안 되어요. 예수님의 도움이 필요하지요. 예수님은 우리를 사랑하시니까 언제나 우리를 도와주세요.

다섯 — 복음 초청

성경과 106쪽 복음 초청 가이드를 이용해서 아이들에게 그리스도인이 되는 법을 설명해 준다. 따로 상담해 줄 사람을 정해 주고 궁금한 점이 있으면 물어보도록 격려한다.

이 시간 예수님을 믿고 마음에 모시고 싶은 친구는 함께 기도해요.

여섯 — 기도

사랑의 하나님, 교회를 사랑하시는 예수님이 7개의 교회에게 해 주신 말씀을 듣게 해 주셔서 감사해요. 모든 교회가 예수님의 말씀을 잘 듣고 모든 죄를 버리고, 예수님만 생각하고, 예수님만 사랑해서 하나님의 뜻을 이루게 해 주세요. 우리 힘으로는 할 수 없어요. 성령님이 도와주세요. 예수님의 이름으로 기도합니다. 아멘.

일곱 — 암송송

성경에서 요한계시록 21장 5절을 펴고 큰 소리로 여러 번 따라 읽게 한다.

3단원 암송 구절은 예수님이 모든 것을 새롭게 하실 것이라고 말해요. 죄는 하나님이 만드신 세상과 하나님이 사랑하시는 사람들을 망가뜨려 놓았어요. 하지만 예수님이 이 모든 것을 되돌리실 거예요! 그날을 간절히 기다리는 우리가 되어요!

암송송(168쪽)에 맞추어 손유희를 하며 말씀을 익힌다.

"보좌에 앉으신 이가 이르시되 보라 내가 만물을 새롭게 하노라 하시고 또 이르시되 이 말은 신실하고 참되니 기록하라 하시고"(계 21:5).

가스펠
소그룹

알콩달콩 **말씀 놀이**

교회를 사랑하시는 예수님

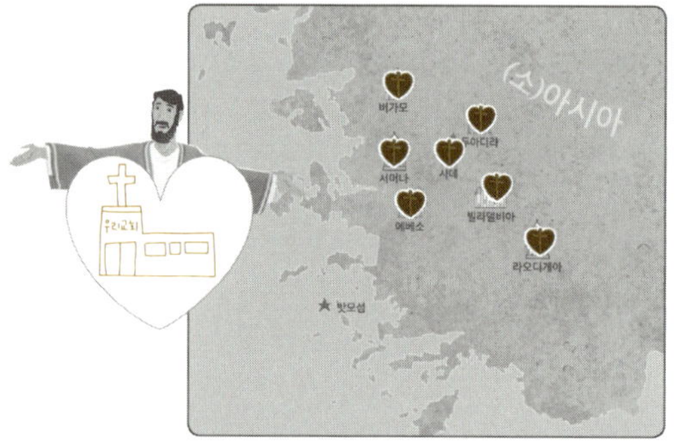

이야기 나누기

- 요한의 환상에 나타나 교회에 말씀을 전하라고 명령하신 분은 누구이신가요?
- 예수님은 교회에 어떤 이야기를 전하라고 하셨나요?
- 예수님은 왜 교회에 이러한 말씀을 하셨을까요?

❶ 아이들에게 예수님은 7개의 교회를 사랑하셔서 그들을 향한 마음을 알려 주셨다고 이야기해 준다.

❷ 유치부 교재 45쪽 '예수님의 사랑' 스티커를 떼어 지도 위에 표시된 7개의 교회에 각각 붙이라고 한다.

❸ 예수님은 우리 교회도 사랑하신다고 이야기하고, 예수님의 마음속에 있는 우리 교회를 그려 볼 수 있도록 지도한다.

> **인도자** **예수님은 일곱 교회를 향해 믿음 안에서 굳게 서라고 말씀하셨어요.** 교회마다 아주 중요한 경고의 말씀을 해 주셨지요. 이 말씀은 오늘날 우리 교회에게도 중요한 말씀이에요. 예수님은 교회를 사랑하세요. 예수님은 일곱 교회에게 죄에서 떠나 끝까지 믿음을 지키라고 말씀하셨어요. 예수님은 교회를 통해 그리스도인들이 서로 힘을 모아 하나님의 계획을 이루어 갈 수 있도록 도우세요.

죄에서 돌아서요 ✱

❶ 아이들을 예배실 한가운데 세우되, 인도자를 바라보게 한다.

❷ 인도자가 문장을 읽을 텐데, 옳은 선택이라고 생각한다면 인도자를 바라보고 서 있고, 잘못된 선택이라고 생각한다면 인도자를 등지고 서면 된다는 게임의 규칙을 설명한다.

예) "하나님께 죄를 지었어요", "하나님의 말씀을 지키지 않았어요", "부모님께 순종해요", "친구에게 친절하게 대하지 않아요", "친구와 장난감을 나누어 사용해요" 등.

❸ 각각의 선택이 끝나면 다시 인도자를 바라볼 수 있도록 지도한다.

> **인도자** 우리는 활동을 하면서 잘못된 선택이라고 생각되면 등을 돌렸어요! 정말 잘했어요. 오늘의 성경 이야기에서 예수님은 일곱 교회에 말씀을 전하셨어요. 그중에는 사데

라는 도시에 세워진 교회가 있었어요. 사데 교회는 예수님을 섬기는 일을 그만했대요. 예수님은 그들에게 죄에서 돌아서라고 경고하셨어요. 우리도 예수님의 말씀을 잘 듣고, 죄에서 돌아서서 하나님을 열심히 섬겨야 해요.

온도계로 실험을 해요 ✳

준비물 ▶ 뜨거운 물, 차가운 물, 온도계, 컵 2개

❶ 아이들에게 온도계는 어떤 공기나 물이 얼마나 따뜻하거나 차가운지 숫자로 알아보는 도구인데, 따뜻한 것을 만나면 빨간 줄이 올라가고, 차가운 것을 만나면 빨간 줄이 아래로 내려간다고 말해 준다.

❷ 온도계를 빈 컵에 넣고 몇 초간 기다린 후 표시된 숫자가 예배실의 온도라고 설명한다. 예배실의 온도를 재서 말해 준다.

❸ 2개의 컵에 각각 뜨거운 물과 차가운 물을 반만 채운 후 각각의 온도를 재 본다.

❹ 뜨거운 물에는 차가운 물을, 차가운 물에는 뜨거운 물을 부은 후 다시 각각의 온도를 재 보고, 온도가 어떻게 변했는지 이야기를 나누어 본다.

> **인도자** 뜨거운 물을 담은 컵과 차가운 물을 담은 컵 모두 온도가 바뀌었어요! 모두 물이 미지근해졌지요. **예수님은 일곱 교회를 향해 믿음 안에서 굳게 서라고 말씀하셨어요.** 그중 라오디게아 교회에게 그들이 뜨겁지도 않고 차갑지도 않다고 말씀하셨어요. 예수님이 말씀하신 것은 그들의 몸의 온도가 아니에요. 예수님은 지금 그들이 예수님을 사랑하는 마음이 식었다고 말씀하신 거예요. 예수님을 마음에 모시지 않아서 하나님의 뜻을 따르지 않고, 하나님 나라를 위해 아무 일도 하지 않으며 살아가고 있다고 말씀하셨지요. 예수님은 라오디게아 성도들을 사랑하셨어요. 그래서 그들이 죄에서 돌아서서 예수님을 따르기를 바라셨어요.

교회를 만들어요 ✳

준비물 ▶ 벽돌 블록, 라벨지(빨간색 시트지), 카메라

❶ 라벨지에 '십자가' 모양을 크게 프린트하거나 빨간색 시트지를 '십자가' 모양으로 잘라 둔다.

❷ 아이들에게 벽돌 블록을 이용해 '교회'를 만들어 보라고 한다.

❸ 아이들이 '교회'를 완성하면 ❶을 붙여 준다.

❹ 아이들과 함께 완성한 '교회' 옆에서 단체 사진을 찍는다.

> **인도자** 예수님은 교회를 사랑하세요. 예수님은 일곱 교회에 말씀을 전하셨어요. 예수님은 일곱 교회를 향해 경고하시고 그들에게 죄를 버리고 예수님을 따르라고 말씀하셨어요. 예수님은 교회를 통해 그리스도인들이 서로 힘을 모아 하나님의 계획을 이루어 갈 수 있도록 도우세요.

소곤소곤 꿀~꺽  **간식**

준비물 ▶ 하트 모양 쿠키(샌드위치), 접시

❶ 카운트다운 영상, 정리하기 노래 등을 활용해 활동이 끝났음을 알린다. 아이들에게 주변을 정리하게 하고, 화장실에 가거나 물티슈 등을 이용해 손을 씻을 시간을 준다.

❷ 감사 기도를 드리고 하트 모양 쿠키를 간식으로 나누어 준다. 예수님은 예수님을 마음에 모시는 사람들과 함께 먹고 마시겠다고 약속하셨으며 교회를 매우 사랑하셔서 사랑을 듬뿍 담아 그들에게 말씀을 전하셨다고 이야기한다. 예수님은 예수님이 편지를 보낸 교회들처럼 우리도 예수님을 따르고 죄에서 돌아서기를 바라신다는 오늘의 성경 이야기를 떠올려 준다. 예수님의 말씀에 귀 기울이는 우리가 되자고 말한다.

❸ 간식을 먹은 후 마무리 정리를 잘하도록 지도한다.

오순도순 **마무리**

준비물 ▶ 유치부 교재 41쪽 메시지 카드, 소그룹 활동지, 파일

❶ 이번 주 메시지 카드로 부모님과 함께 오늘 배운 성경 이야기를 나누어 보라고 한다.

가족과 활동해요

- 우리 동네를 산책하며 지역 사람들을 위해 기도해 보세요. 여러 교회 앞에 멈춰 서서 그들이 믿음직스럽게 복음을 전하게 해 달라고 기도하세요.
- "예수님의 사랑 신기하고 놀라워" 찬양을 인터넷에서 검색해 다 같이 불러 보고, 끝까지 우리를 사랑하셔서 편지를 보내신 예수님의 사랑에 대해 이야기를 나누어 보세요.

❷ 나만의 기록장에 기록할 내용을 소개하고, 소그룹 활동지를 떼어 파일에 끼운 뒤 가방에 정리하게 한다.

❸ 아이들을 위해 기도한다.

> **인도자** 하나님, 예수님이 7개의 교회에게 하신 말씀을 알려 주셔서 감사해요. 교회를 사랑하신 예수님은 교회가 잘한 일도 있고 잘못한 일도 있다고 말씀하셨어요. 그리고 잘못한 일은 회개하고 죄에서 돌아서라고 말씀하셨지요. 모든 교회가 예수님만 모시고 하나님의 말씀에 순종해 하나님의 뜻을 이룰 수 있다면 얼마나 좋을까요! 성령님이 도와주세요. 예수님의 이름으로 기도합니다. 아멘.

❹ 아이를 데리러 온 부모에게 아이가 특별히 즐거워했거나 잘했던 활동들에 대해 이야기해 주고, 가정에서 성경 읽기와 가족 활동을 진행할 수 있도록 격려한다.

 **나만의 기록장**

예수님께 칭찬받는 우리 교회 그리기

12 어린양께 경배해요

주제	하늘과 땅의 모든 사람과 피조물이 예수님을 경배할 거예요.
예수님 생각하기	두루마리를 펼 자가 아무도 없는 것을 보고 요한은 큰 소리로 울었어요. 그때 요한은 부활하신 어린양을 보았어요. 그분은 바로 하나님의 아들이신 예수님이었어요. 예수님은 우리가 용서받고 영원히 하나님과 함께 살게 하시려고 십자가에서 죽으셨어요. 예수님은 모든 찬양과 영광과 감사를 받으실 분이에요.
단원 암송	계 21:5
성경의 초점	예수님이 다시 오시면 어떤 일이 일어나나요? 예수님이 모든 것을 새롭게 하실 거예요.

요한은 밧모섬에서 환상을 보았습니다. 예수님은 요한에게 나타나셔서 마지막 때가 이르기 전에 일어날 일을 보여 주셨습니다. 요한은 자신이 본 것을 기록했습니다. 이것이 바로 요한계시록입니다.

요한은 환상으로 미래를 보았습니다. 하늘에 한 보좌가 있고, 하나님이 그 보좌에 앉아 계셨습니다. 요한은 하나님의 오른손에 두루마리가 있는 것을 보았습니다. 힘 있는 한 천사가 물었습니다. "누가 이 두루마리를 펼 수 있겠는가?" 그러나 하늘에는 그럴 만한 자가 아무도 없었습니다. 땅에도 없기는 마찬가지였습니다. 두루마리를 펼 자가 아무도 없는 것을 보고 요한은 큰 소리로 울었습니다!

그때 요한은 부활한 어린양이신 예수님을 보았습니다. 장로들이 그들의 관을 벗어 보좌 앞에 드렸습니다. 그리고 예수님을 경배하며 새 노래를 불렀습니다. 요한은 모든 피조물이 모든 곳에서 함께 어린양을 경배하는 것을 보았습니다. 요한계시록 4장 11절은 이렇게 말합니다. "우리 주 하나님이여 영광과 존귀와 권능을 받으시는 것이 합당하오니 주께서 만물을 지으신지라 만물이 주의 뜻대로 있었고 또 지으심을 받았나이다."

요한의 환상은 우리의 미래를 조금 엿보게 해 줍니다. 또한 우리가 처한 현실을 깨닫게 해 줍니다. 주님이 보좌 위에 앉아 계십니다. 죽으시고 부활하신 예수님은 승천하셔서 하나님의 우편에 앉으셨습니다 (히 10:12 참조).

●● 티칭 포인트

하나님의 어린양이신 예수님은 우리의 찬양을 받으실 분입니다. 요한의 환상에 나타난 모든 피조물은 예수님을 경배했습니다. 아이들을 가르칠 때, 예수님은 모든 영광을 받으실 우리의 보물이라고 말해 주십시오. 함께 찬양을 부르며 주님을 경배하십시오. 예수님은 우리를 용서받게 하려고 십자가에서 죽임을 당하셨습니다. 예수님은 모든 찬양과 존귀와 감사를 받으실 분입니다. 우리는 모든 성도와 함께 하늘나라에서 영원히 예수님을 찬양할 그날을 고대합니다.

어린양께 경배해요

계 4:2~5:14

요한은 밧모섬에서 환상을 보았어요. 예수님이 요한에게 나타나셔서 마지막 때가 되기 전에 일어날 일을 보여 주셨어요. 요한은 자신이 본 것을 글로 썼어요.

요한이 보니 하늘에 한 보좌가 있고 거기에 누가 앉아 있었어요. 그분은 빛나는 붉은색 보석 같았어요. 에메랄드 같은 무지개가 보좌를 둘러싸고 있었어요. 보좌 주위에는 24개의 보좌가 있고, 24명의 장로가 거기 앉아 있었어요. 장로들은 모두 금으로 된 왕관을 쓰고 있었어요.

요한이 보니 보좌 주위에 네 생물이 있었어요. 요한은 이렇게 기록했어요.

"첫 번째 생물은 사자 같았습니다. 두 번째 생물은 송아지 같고, 세 번째 생물은 사람의 얼굴을 하고 있었습니다. 네 번째 생물은 날아가는 독수리 같았습니다. 네 생물은 모두 날개가 6개씩 있었습니다. 그것들은 밤낮으로 이렇게 말했습니다. '거룩하시다, 거룩하시다, 거룩하시다, 전능하신 주 하나님, 전에도 계셨고, 지금도 계시며, 장차 오실 분이다.'"

요한이 보니 생물들이 보좌에 앉으신 분께 영광과 감사를 드리고 있었어요. 장로들은 엎드려 그분께 경배했어요. 그들은 이렇게 말했어요. "우리 주 하나님! 주님은 영광과 존귀와 능력을 받으실 분입니다. 주님이 모든 것을 창조하셨기 때문입니다."

그런 다음 요한은 하나님의 오른손에 두루마리가 들려 있는 것을 보았어요. 힘이 센 천사가 물었어요. "누가 이 두루마리를 펼 수 있겠는가?" 하늘에는 그럴 만한 자가 아무도 없었어요. 땅에도 그럴 만한 자가 없었지요. 두루마리를 펼 자가 아무도 없는 것을 보고 요한은 큰 소리로 울었어요! 그러자 한 장로가 말했어요. "울지 마시오! 유다의 사자가 승리했으니 그분이 그 두루마리를 펴실 것이오!"

그때 요한은 보좌 곁에 서 있는 어린양을 보았어요. 어린양은 예수님이셨어요. 어린양이 두루마리를 받아 들자, 장로들과 생물들이 어린양이신 예수님 앞에 엎드렸어요. 그들은 예수님을 경배하고 새 노래를 불렀어요.

요한은 보좌를 둘러싼 수많은 천사의 소리를 들었어요. 그들은 큰 소리로 이렇게 노래했어요. "죽임을 당한 어린양은 능력과 부와

● 이야기 TIP ●

- **찬양을 불러요** : 아이들에게 이야기 성경을 듣다가 찬양하는 장면이 나오면 도와 달라고 말한다. 생물들이 하나님을 찬양할 때 아이들에게 따라 하라고 한다. 장로들이 하나님께 경배할 때도 따라 하게 한다. 마지막으로 천사와 장로들이 경배의 찬양을 부를 때도 아이들에게 따라 하라고 한다.
- **소품을 사용해요** : 큰 의자를 '보좌'라고 하고, 아이들을 '보좌' 주변에 둥그렇게 앉힌다. 두루마리 하나를 보좌 위에 올려 둔다. 이야기 성경의 중반부터는 소품을 사용하면서 들려준다.

지혜와 힘과 존귀와 영광과 찬양을 받으실 분입니다!” 요한은 모든 피조물이 모든 곳에서 함께 어린양이신 예수님을 경배하는 소리도 들었어요.

● ● 예수님 생각하기
두루마리를 펼 자가 아무도 없는 것을 보고 요한은 큰 소리로 울었어요. 그때 요한은 부활하신 어린양을 보았어요. 그분은 바로 하나님의 아들이신 예수님이었어요. 예수님은 우리가 용서받고 영원히 하나님과 함께 살게 하시려고 십자가에서 죽으셨어요. 예수님은 모든 찬양과 영광과 감사를 받으실 분이에요.

가스펠
준비

싱글벙글 ——— ## 환영해요

“그날의 주”(지도자용 팩)를 튼다. 아이들을 반갑게 맞이하며 헌금과 기도를 도와준다. 예배 중 헌금 순서가 있다면 아이들이 헌금을 잘 간수하도록 돕는다. 가방과 외투를 정리하도록 안내한다. 새로 온 아이가 있다면 음수대와 화장실의 위치를 알려 주고, 보호자와 만나는 시간과 방법 등을 소개한다. 보호자들을 위한 안내문을 붙여 아이와 만나는 시간, 기다리는 장소, 헌금 방법, 아이에 대한 특별한 주의 사항을 교사에게 미리 알려 달라는 당부 등을 공지한다.

너랑 나랑 ——— ## 마음 열기

주제와 관련 있는 퍼즐이나 블록 등 아이들이 좋아하는 장난감을 몇 가지 비치해 두고 다양한 활동을 하며 예배를 준비하도록 돕는다. 아이들이 마음을 열고 오늘의 주제에 관심을 갖게 하며 예배에 집중할 수 있도록 도와준다. 교회 형편에 맞게 시간과 활동 방법을 조절한다.

의자를 차지해요 ✳ ----------- 준비물 ▶ 의자, 찬양 음원, 음원을 재생할 수 있는 도구(CD플레이어, 스마트폰 등)

❶ 의자의 앉는 부분이 바깥쪽을 향하도록 둥글게 배치한다. 이때 의자는 아이들의 수보다 하나 적게 놓아 둔다.
❷ 아이들에게 찬양이 나오면 의자 주위를 자유롭게 걸어 다니다가 찬양이 멈추면 의자를 하나씩 차지해야 한다고 말해 준다.

❸ 의자를 차지하지 못한 아이에게는 벌칙 미션을 수행하라고 한다.

예) "친구들아, 사랑해"라고 외치기, 손가락 하트 날리기, 가장 웃긴 표정 지어 보이기, 친구들 중에 한 명을 선택해 안마해 주기 등.

❹ 시간 여유가 있으면 활동을 여러 번 반복한다.

인도자 오늘의 성경 이야기에서 예수님은 요한에게 앞으로 일어날 일을 보여 주셨어요. 예수님이 요한에게 보여 주신 것 중에는 우리가 활동하면서 차지했던 의자와 비슷한 '보좌'가 있어요! 보좌란 왕이 앉는 특별하고 귀한 의자를 말해요. 과연 오늘의 성경 이야기에서는 누가 보좌에 앉아 있는지 잘 들어 보세요.

'인생의 단계'에 관해 이야기를 나누어요 ✱

❶ '생애 주기' 자료(지도자용 팩)를 프린트한다.

❷ 아이들에게 ❶을 한 장씩 차례로 보여 주면서 우리의 인생이 어떻게 흘러가는지 설명해 준다.

❸ 아이들에게 ❶을 나누어 주고 시간 순서대로 정리해 보라고 한다.

인도자 우리는 나이가 들면서 어떤 모습이 될까요? 또 어떤 일들을 만나게 될까요? 우리는 미래를 알 수가 없어요. 그런데 오늘의 성경 이야기에서 예수님은 요한에게 앞으로 일어날 일을 보여 주셨어요. 그 일이 언제 일어날지는 우리는 알 수 없어요. 하지만 그 일이 꼭 일어날 것이라는 사실은 알아요. 예수님이 보여 주셨고, 예수님이 하신 말씀은 모두 믿을 수 있으니까요. 오늘은 예수님이 요한에게 무엇을 보여 주셨는지에 대해 배울 거예요.

예배 대형으로 모이기

• 카운트다운 영상, 모이기 노래 등을 활용해 예배 대형으로 바꾸고 마음을 준비하게 한다.
• 공간을 이동해야 한다면 예수님을 찬양하는 노래를 부르며 가도록 한다.

가스펠 설교

하나 — 들어가기

'미래'가 무엇인지 아는 친구 있나요? 아이들의 답을 들어 본다. 미래란 아직 다가오지 않은 날을 말해요. 우리는 미래에 대해 별로 아는 것이 없어요. 아직 일어나지 않은 일이니까요! 오늘의 성경 이야기에서 예수님은 요한에게 미래에 일어날 일을 보여 주셨어요. 예수님은 앞으로 무슨 일이 일어날지 알고 계세요. 예수님은 하나님의 아들이시니까요!

둘 — 성경 이야기

요한계시록 4~5장을 편다. 설교 영상(지도자용 팩)을 보여 주거나 이야기 성경을 들려준다.

성경에 있는 말씀은 모두 참이에요. 성경은 하나님이 주신 것이기 때문이에요. 하나님은 선하신 분이에요. 우리는 선하신 하나님을 믿고 의지할 수 있어요. 오늘의 성경 이야기는 신약성경 중에서 '요한계시록'에 나와요.

셋 — 메시지와 정리

두루마리를 펼 사람이 아무도 없는 것을 보고 요한은 큰 소리로 울었어요. 그때 요한은 부활하신 어린양을 보았어요. 그분은 바로 하나님의 아들이신 예수님이었어요. 예수님은 우리가 용서받고 영원히 하나님과 함께 살게 하려고 십자가에서 죽으셨어요. 예수님은 두루마리를 펼 수 있는 분이세요. 우리의 모든 찬양과 영광과 감사를 받으실 분이에요. **하늘과 땅의 모든 사람과 피조물이 예수님을 경배할 거예요.**

연대표(지도자용 팩)를 가리키면서 복습 질문을 한다.

1. 예수님은 요한에게 무엇을 보여 주셨나요? 미래에 일어날 일
2. 네 생물과 장로들은 무엇을 하고 있었나요? 찬양하고 있었다, 보좌에 앉으신 분께 경배하고 있었다
3. 하나님의 손에 무엇이 들려 있었나요? 두루마리
4. 두루마리를 펼 자가 아무도 없는 것을 보고 요한은 어떻게 했나요? 큰 소리로 울었다

5. 두루마리를 펼 유일한 분은 누구이신가요? 하나님의 어린양이신 예수님

6. 누가 하나님과 어린양께 경배드리게 될까요? 모든 사람과 모든 피조물

넷 — 성경의 초점

3단원 '성경의 초점'은 **"예수님이 다시 오시면 어떤 일이 일어나나요?"**, **"예수님이 모든 것을 새롭게 하실 거예요"**랍니다. 예수님은 하늘로 올라가시면서 반드시 다시 오겠다고 약속하셨어요. 예수님은 언제나 약속을 지키시는 분이에요.

다섯 — 복음 초청

성경과 106쪽 복음 초청 가이드를 이용해서 아이들에게 그리스도인이 되는 법을 설명해 준다. 따로 상담해 줄 사람을 정해 주고 궁금한 점이 있으면 물어보도록 격려한다.

이 시간 예수님을 믿고 마음에 모시고 싶은 친구는 함께 기도해요.

여섯 — 기도

하나님, 우리를 살리기 위해 십자가에서 죽으신 예수님 때문에 하나님 아버지의 사랑을 알게 해 주셔서 감사해요. 요한이 본 환상 속에서 천사들과 하나님이 만드신 모든 것이 예수님을 찬양하고 경배했어요. 우리도 왕 되신 예수님만을 찬양하고 경배하며 살아갈래요. 예수님의 이름으로 기도합니다. 아멘.

일곱 — 암송송

성경에서 요한계시록 21장 5절을 펴고 큰 소리로 여러 번 따라 읽게 한다.

예수님은 다시 오셔서 모든 것을 새롭게 하실 거예요. 예수님은 두루마리를 펼 만한 분이시고, 모든 것을 새롭게 할 만큼 능력이 있는 분이세요! 언젠가 모든 사람과 모든 피조물이 예수님께 경배할 거예요.

암송송(168쪽)에 맞추어 손유희를 하며 말씀을 익힌다.

"보좌에 앉으신 이가 이르시되 보라 내가 만물을 새롭게 하노라 하시고 또 이르시되 이 말은 신실하고 참되니 기록하라 하시고"(계 21:5).

알콩달콩 ☺ **말씀 놀이**

온 세상의 왕께 경배해요

준비물 ▶ 유치부 교재 28쪽, 45쪽 '생활 장면' 스티커, 색연필

이야기 나누기

- 요한이 환상으로 본 것은 무엇이었나요?
- 두루마리를 펼 만한 분은 누구이신가요?
- 예수님이 다시 오시면 모든 사람과 하나님이 만드신 모든 만물은 예수님께 어떻게 할까요?

❶ 아이들에게 예수님이 이 땅에 다시 오시고 모든 만물이 예수님을 경배하게 될 날이 다가오고 있다고 말한다.

❷ 유치부 교재 45쪽 '생활 장면' 스티커를 지구본에 붙이고, 각 장면에서 사람들을 이끌고 돌보는 책임자를 찾아 ○표 하게 한다.

❸ 온 세상을 창조하시고, 유지하시고, 책임지시는 분은 누구이신지 아이들에게 물어보고 답을 들어 본다.

❹ 온 세상을 돌보는 왕이신 그분을 그릴 수 있도록 지도한다.

> **인도자** '생활 장면'에서 사람들을 돌보며 책임지는 사람을 잘 찾았어요! 그런데 온 세상 모든 것을 하나, 하나 돌보고 책임지시는 분은 누구이실까요? 맞아요, 그분은 바로 예수님이세요. 예수님은 이 세상을 만드셨고, 우리를 위해서 십자가에서 죽으심으로 하나님의 사랑을 보여 주셨고, 또 사랑으로 온 세상을 다스리는 왕이세요. 그래서 요한의 환상 속에서 예수님이 보여 주신 것처럼, **하늘과 땅의 모든 사람과 피조물이 예수님을 경배할 거예요.**

어느 것을 고를까요? ✱

준비물 ▶ 마스킹 테이프

❶ 마스킹 테이프로 예배실 한가운데 선을 그어 두고, 아이들을 가운데 세운다.

tip 오른쪽 그림처럼 표시해도 좋다.

❷ 아이들에게 인도자가 말하는 2가지 중에서 더 좋아하는 것을 선택하라고 한다.

예) 비 오는 날 vs 맑은 날 / 색칠 놀이 vs 색깔 점토 놀이 / 밖에 나가 놀기 vs 실내에서 놀기 / 젤리 vs 과자 등.

❸ 선택할 때마다 선의 어느 쪽(왼쪽, 오른쪽)으로 이동해야 하는지 알려 준다.

예) "사탕과 초콜릿 중에서 어느 것이 더 좋은가요? 사탕이 더 좋다면 왼쪽으로, 초콜릿이 더 좋다면 오른쪽으로 이동하세요" 등.

❹ 마지막은 '예수님께 경배하기 vs 예수님께 경배하지 않기' 중에서 더 좋아하는 것을 선택하라고 한 후 아이들이 모두 자리를 이동하면 활동을 마무리한다.

> **인도자** 모두 '예수님께 경배하기'를 선택했네요! 우리 예수님이 정말 기뻐하시겠어요! 우리 중에 어떤 사람은 사탕보다 초콜릿을 더 좋아하고, 어떤 사람은 색깔 점토 놀이보다 색칠 놀이를 더 좋아하는군요! 언젠가 모든 사람과 모든 피조물이 예수님께 경배할 거예요. 그때에는 2가지 중에서 선택할 필요가 없어요. 오직 예수님만 우리의 경배를 받으실 분이니까요!

왕관을 분류해요 ✱

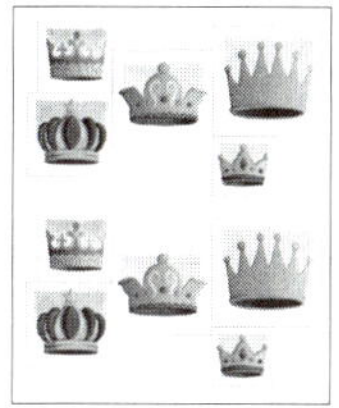

❶ 181쪽 '왕관' 자료(또는 지도자용 팩)를 두꺼운 A4 용지에 여러 장 프린트하고 오려 둔다.
❷ 아이들에게 '왕관'들을 크기와 색깔에 따라 분류해 보자고 한다.
❸ 다 분류한 후 각각 왕관이 몇 개씩인지 세어 볼 수 있도록 지도한다.
> **tip** 연령대에 따라 왕관의 세트 수를 조절한다. 카드로 만들어 짝 맞추기 게임으로 활동해도 좋다.

> **인도자** 예수님은 요한에게 미래의 일을 환상으로 보여 주셨어요. 장로들은 금으로 된 왕관을 쓰고 있었는데, 보좌에 앉으신 분께 왕관을 모두 드렸어요! 그들이 하나님께 왕관을 드린 이유는 하나님만이 진정한 왕이시기 때문이에요. 또 하나님과 언제나 함께 계셨던 예수님은 이 세상도 하나님과 함께 만드셨어요. 예수님은 우리를 살리고 하나님 나라에서 영원히 살게 하려고 십자가에서 죽으셨지요. 하지만 예수님은 부활하셔서 하늘로 올라가셨어요. 언젠가 **하늘과 땅의 모든 사람과 피조물이 예수님을 경배할 거예요.**

새찬송가 8장을 불러요 ✱

❶ 아이들과 함께 새찬송가 8장 "거룩 거룩 거룩 전능하신 주님"을 부른다.
> **tip** 익숙하지 않은 찬송인 경우 사전에 인터넷으로 찾아보고 여러 번 불러 본다.
❷ 아이들에게 '거룩하신 분'이라는 말은 '죄와 구별되신 분'이라는 뜻이라고 설명해 준다.
❸ '거룩'이라는 단어에 알맞은 율동을 정하고, '거룩'이라는 가사가 나올 때마다 율동하며 찬양한다.
예) 눈을 감은 채 양팔을 높이 든다, 고개를 좌우로 흔든다, 양손을 맞잡고 가슴 앞에서 좌우로 흔든다 등.

 요한의 환상에서 보좌 주위에 있는 네 생물은 밤낮으로 "거룩하시다, 거룩하시다, 거룩하시다, 전능하신 주 하나님, 전에도 계셨고, 지금도 계시며, 장차 오실 분이다" 라고 말했어요. 그들은 하나님이 '죄와 구별된 분'이시라고 말한 거예요. 하나님은 하나님이 만드신 모든 것과는 완전히 다르게 죄가 없이 구별된 분이세요. 오직 하나님만 경배를 받을 자격이 있으세요. 언젠가 **하늘과 땅의 모든 사람과 피조물이 예수님을 경배할 거예요.**

점토로 편지를 봉해요 ＊

준비물 ▶ 색도화지, 네임펜, 꾸미기 도구(색연필, 사인펜, 스티커 등), 편지 봉투, 색깔 점토(실링 왁스), 도장

❶ 색도화지에 네임펜을 이용해 12과의 주제("하늘과 땅의 모든 사람과 피조물이 예수님을 경배할 거예요")를 써 둔다.

❷ 아이들에게 ❶을 한 장씩 나누어 주고 꾸미기 도구를 이용해 꾸민 후 편지 봉투에 넣으라고 한다.

❸ 편지 봉투를 봉하는 부분에 색깔 점토를 붙이고 도장으로 찍어 봉할 수 있도록 지도한다.

 두루마리를 펼 자가 아무도 없는 것을 보고 요한은 큰 소리로 울었어요. 그때 요한은 부활하신 어린양을 보았어요. 그분은 바로 하나님의 아들이신 예수님이었어요. 예수님은 우리가 용서받고 영원히 하나님과 함께 살게 하시려고 십자가에서 죽으셨어요. 예수님은 모든 찬양과 영광과 감사를 받으실 분이에요. 언젠가 **하늘과 땅의 모든 사람과 피조물이 예수님을 경배할 거예요.**

왕 되신 예수님을 경배해요 ＊

준비물 ▶ 레드 카펫(빨간색 부직포), 색종이, 가위, 바구니, 깃발, 리본 막대 등

❶ 색종이를 작은 사각형 모양으로 많이 잘라 꽃 가루를 만들어 바구니에 넣어 둔다.

❷ 예배실 바닥에 레드 카펫을 깔고, 아이들 중에 자원하는 아이에게 '예수님' 역할을 맡긴다.

❸ '예수님'에게 레드 카펫 위를 왕처럼 걸으며 행진하라고 한다. 나머지 아이들에게 '예수님'을 환영하는 의미로 꽃 가루를 던지고, 깃발과 리본 막대를 흔들면서 "예수님은 우리 왕!"이라고 외치라고 한다.

❹ '예수님' 역할을 바꾸어서 여러 번 활동한다.

 두루마리를 펼 자가 아무도 없는 것을 보고 요한은 큰 소리로 울었어요. 그때 요한은 부활하신 어린양을 보았어요. 그분은 바로 하나님의 아들이신 예수님이었어요. 예수님은 우리가 용서받고 영원히 하나님과 함께 살게 하시려고 십자가에서 죽으셨어요. 예수님은 모든 찬양과 영광과 감사를 받으실 분이에요. 예수님은 우리의 왕이세요! 언젠가 **하늘과 땅의 모든 사람과 피조물이 예수님을 경배할 거예요.**

간식

❶ 카운트다운 영상, 정리하기 노래 등을 활용해 활동이 끝났음을 알린다. 아이들에게 주변을 정리하게 하고, 화장실에 가거나 물티슈 등을 이용해 손을 씻을 시간을 준다.

❷ 감사 기도를 드리고 아이들에게 왕관 모양 쿠키를 간식으로 나누어 준다. 오늘의 성경 이야기에서 요한의 환상에 나온 장로들이 하나님께 왕관을 드리며 경배했다고 이야기해 준다. 두루마리를 펼 만한 분은 오직 예수님밖에 없었다고 말하고, 오직 예수님만 우리의 경배를 받으실 분이라고 강조한다.

❸ 간식을 먹은 후 마무리 정리를 잘하도록 지도한다.

마무리

❶ 이번 주 메시지 카드로 부모님과 함께 오늘 배운 성경 이야기를 나누어 보라고 한다.

가족과 활동해요

• 가족이 함께 모여 예배를 드려 보세요. 가장 좋아하는 노래로 예수님을 찬양하세요.

• 우리 동네를 이끌어 가시는 분들에게 짤막한 감사 편지를 써 보세요.

❷ 나만의 기록장에 기록할 내용을 소개하고, 소그룹 활동지를 떼어 파일에 끼운 뒤 가방에 정리하게 한다.

❸ 아이들을 위해 기도한다.

> **인도자** 하나님, 이 세상의 마지막에 대해서 성경을 통해 알게 해 주셔서 감사해요. 우리를 살리고 하나님과 함께 영원히 살게 하시기 위해서 예수님이 십자가에서 죽으셨어요. 그 예수님께 천사들과 하나님이 만드신 모든 것이 경배를 드렸듯이, 우리도 예수님에 관한 기쁜 소식인 복음을 친구들에게 전하고, 친구들과 함께 예수님을 찬양하고 경배하고 싶어요. 예수님, 사랑해요. 예수님의 이름으로 기도합니다. 아멘.

❹ 아이를 데리러 온 부모에게 아이가 특별히 즐거워했거나 잘했던 활동들에 대해 이야기해 주고, 가정에서 성경 읽기와 가족 활동을 진행할 수 있도록 격려한다.

나만의 기록장

꽃과 나무, 동물들과 함께 예수님을 찬양하고 경배하는 내 모습 그리기

전시:
아이들의 작품으로 가정과 교회의 연결 고리 만들기

매 주일 우리 집 아이들은 교회에서 돌아올 때면 주일학교에서 물감, 반짝이 가루, 풀로 만든 작품들을 들고 옵니다. 대부분 이 작품들은 자동차 바닥이나 부엌 싱크대 위 물건 더미에 처박히고 맙니다. 만약 여러분이 부모라면 틀림없이 이런 경험이 있을 것입니다.

그래서 저는 이런 제안을 하고 싶습니다. 아이들의 작품을 모두 집으로 보내지 마십시오. 주일학교 아이들이 사용하는 공간 중에서 사람들이 지나다니면서 볼 수 있는 눈에 띄는 곳에 아이들의 작품을 전시해 보십시오. 아이들과 아이들의 가족, 교회 사이에 소속감과 정체성을 형성하는 도구로 작품을 사용할 수 있습니다. 특히 어린이주일이나 추수감사절과 같은 교회가 함께 축하하고 기념하는 날에 아이들의 작품을 전시하는 것은 특별한 분위기를 만드는 데 도움이 됩니다.

작품을 예배실 안에 전시해도 좋지만, 복도 게시판이나 교인들의 통행이 많은 곳에 붙이면 훨씬 더 효과적일 것입니다. 이 방법은 아이들에게는 자긍심과 성취감을 주고, 부모들에게는 아이들의 비상한 솜씨를 감상하는 동안 긍정적인 감정이 들게 합니다. 그리고 교인들은 주일학교에서 일어나는 신 나는 일들을 알게 되겠지요. 서로 관심을 갖고 중보하며 연합하는 기회가 될 것입니다. 교사로 헌신하거나 주변의 믿지 않는 아이들을 교회로 인도하는 계기가 될 수도 있습니다.

주일학교 사역자들은 아이들이 만든 작품이나 프린트물이 가정에서 영적인 대화를 자극하기를 바라며 부모들과 소통하는 데 힘을 기울입니다. 이 점은 매우 중요합니다. 교회와 가정이 같은 교육 목표를 공유하며 아이들의 믿음 성장을 위해 애쓰게 하는 밑거름이 되니까요. 하지만 때로는 아이들이 만든 활동 자료들이 가정과 교회, 사역을 연결하는 연결 고리로 더 유용하게 사용될 때도 있습니다.

척 피터스(Chuck Peters)는 라이프웨이키즈(LifeWay Kids)의 기획·관리부 디렉터입니다. 컬럼비아바이블칼리지를 졸업하고 중고등, 어린이 부서에서 섬기고 있습니다.

13

마라나타!
예수님,
어서 오세요!

[계 21~22장]

주제   예수님이 다시 오셔서 모든 것을 새롭게 하실 거예요.

예수님 생각하기   예수님은 곧 다시 오겠다고 약속하셨어요. 예수님이 다시 오실 때 그분을 믿는 사람들은 영원히 예수님과 함께할 거예요. 하나님이 죄 때문에 생긴 모든 나쁜 것을 되돌리실 거예요. 죽음과 고통, 눈물이 다 사라질 거예요! 예수님이 모든 것을 새롭게 하실 거예요.

단원 암송   계 21:5

성경의 초점   예수님이 다시 오시면 어떤 일이 일어나나요?
예수님이 모든 것을 새롭게 하실 거예요.

사도 요한은 죄수의 신분으로 밧모섬에 유배되어 있는 동안 하늘나라에 관한 놀라운 환상을 보았습니다. 예수님은 요한에게 그가 본 모든 것을 기록하라고 말씀하셨습니다. 요한은 예수님이 이 땅에 다시 오실 때 일어날 일을 보았습니다.

예수님의 재림에 관한 약속은 그리스도인들에게 이생의 시험을 이겨 내고 끝까지 주님을 버리지 않을 소망과 힘을 줍니다. 그리스도께서 다시 오실 때 그분을 믿고 의지한 사람들은 그리스도와 영원히 함께하며 즐거워할 것입니다. 하나님은 죄의 결과로 발생한 모든 악한 것들을 되돌리실 것입니다. 더는 죽음도, 고통도, 눈물도 없는 세상이 될 것입니다.

요한계시록 마지막 21~22장에서 요한은 하늘나라에 관한 환상을 묘사했습니다. 그는 새 성, 곧 새 예루살렘에 관해 썼습니다. 그곳의 길은 맑은 유리 같은 순금이었고, 성벽의 주춧돌은 보석으로 장식되어 있었습니다. 하나님의 영광이 언제나 성을 환하게 비추었기 때문에 그곳에는 해나 달이 필요 없었습니다. 어둠도 없고, 악한 것은 결코 성에 들어갈 수 없었습니다. 슬픔, 눈물, 고통도 없었습니다. 해나 달이 없어도 어둡지 않은 이유는 하나님의 영광이 빛이 되기 때문입니다. 주님이 그 성을 영원 무궁히 다스리실 것입니다. 하늘나라는 이토록 놀라운 곳입니다!

●● **티칭 포인트**

요한의 묘사에도 불구하고 예수님이 다시 오실 때 이 세상이 어떤 모습일지 우리는 정확하게 상상해 낼 수 없습니다. 이 과에서는 3단원의 '성경의 초점'인 "예수님이 다시 오시면 어떤 일이 일어나나요?", "예수님이 모든 것을 새롭게 하실 거예요"를 가지고 우리가 아는 부분을 강조해 주시기 바랍니다.

그리스도인들은 예수 그리스도의 재림을 생각하며 속히 세상에 복음을 전해야 한다는 긴박감을 느껴야 합니다. 복음은 모든 믿는 자에게 구원을 주시는 하나님의 능력입니다(롬 1:16)! 예수님은 곧 오십니다. 아멘! 주 예수여, 오시옵소서!

마라나타! 예수님, 어서 오세요!

계 21~22장

요한은 환상으로 하늘나라를 보았어요. 그는 수많은 사람이 하나님을 찬양하는 소리를 들었어요. 요한은 예수님이 다시 오실 때 일어날 일을 보았어요. 그리고 본 것을 글로 썼어요.

요한은 새 하늘과 새 땅을 보았어요. 전에 있던 하늘과 땅은 사라졌어요. 거룩한 성, 새 예루살렘이 하늘에서 하나님께로부터 내려오는 모습이 보였어요. 요한은 보좌에서 나는 큰 목소리를 들었어요. "보아라! 하나님이 하나님의 백성과 함께 사실 것이다. 그들은 하나님의 백성이 되고, 하나님은 그들의 하나님이 되실 것이다. 하나님이 그들의 눈에서 모든 눈물을 닦아 주실 것이다. 더 이상 죽음, 슬픔, 우는 것과 아픈 것이 없을 것이다. 그런 것들은 영원히 사라졌다."

한 천사가 요한을 크고 높은 산으로 데려갔어요. 천사는 요한에게 거룩한 성을 보여 주었어요. 그 성은 하나님의 영광으로 빛났어요. 성벽의 *주춧돌은 온갖 보석으로 장식되어 있고, 성의 길은 맑은 유리 같은 순금이었어요.

그 성에는 성을 비출 해나 달이 필요 없었어요. 하나님의 영광이 성을 밝히고 있어 어둠이 없기 때문이에요. 성은 안전하고 깨끗했어요. 깨끗하지 못한 것이나 잘못을 저지른 사람은 성에 들어오지 못했어요.

다음으로 천사는 요한에게 생명수가 흐르는 강을 보여 주었어요. 그 강은 수정같이 맑고 하나님의 보좌에서 흘러나왔어요. 하나님의 종들은 하나님의 얼굴을 보고, 하나님께 경배할 거예요. 주님이 그곳을 영원히 다스리실 거예요.

예수님이 말씀하셨어요. "들어라, 내가 곧 가겠다! 나는 처음과 마지막이며, 시작과 끝이다." 예수님이 이 모든 일이 일어날 것이라고 말씀하셨어요. 예수님은 곧 오실 거예요. "아멘! 주 예수여, 오시옵소서!"

●● 예수님 생각하기

예수님은 곧 다시 오겠다고 약속하셨어요. 예수님이 다시 오실 때 그분을 믿는 사람들은 영원히 예수님과 함께할 거예요. 하나님이 죄 때문에 생긴 모든 나쁜 것을 되돌리실 거예요. 죽음과 고통, 눈물이 다 사라질 거예요! 예수님이 모든 것을 새롭게 하실 거예요.

*주춧돌 : 기둥 밑에 기초로 받쳐 놓은 돌

● 이야기 TIP ●

- **소품을 사용해요** : 장난감 보석(금), 유리, 빛, 물 등의 소품을 사용하면서 이야기 성경을 들려준다.
- **다양한 속도와 목소리로 말해요** : 보통 속도로 이야기를 시작해 이야기가 흥미진진해질수록 점점 말하는 속도를 높인다. 예수님이 말씀하시는 부분에서는 목소리를 낮추고 속삭이면서 다시 오겠다는 예수님의 약속을 강조한다.

가스펠
준비

환영해요

"그날의 주"(지도자용 팩)를 튼다. 아이들을 반갑게 맞이하며 헌금과 기도를 도와준다. 예배 중 헌금 순서가 있다면 아이들이 헌금을 잘 간수하도록 돕는다. 가방과 외투를 정리하도록 안내한다. 새로 온 아이가 있다면 음수대와 화장실의 위치를 알려 주고, 보호자와 만나는 시간과 방법 등을 소개한다. 보호자들을 위한 안내문을 붙여 아이와 만나는 시간, 기다리는 장소, 헌금 방법, 아이에 대한 특별한 주의 사항을 교사에게 미리 알려 달라는 당부 등을 공지한다.

마음 열기

주제와 관련 있는 퍼즐이나 블록 등 아이들이 좋아하는 장난감을 몇 가지 비치해 두고 다양한 활동을 하며 예배를 준비하도록 돕는다. 아이들이 마음을 열고 오늘의 주제에 관심을 갖게 하며 예배에 집중할 수 있도록 도와준다. 교회 형편에 맞게 시간과 활동 방법을 조절한다.

보인다, 보여! ✳

❶ 아이들에게 인도자가 예배실에서 보고 있는 어떤 물건이 무엇인지 맞혀 보라고 한다.

❷ 인도자는 그 물건을 바라보면서 "보인다, 보여! ○○색(물건의 색깔), △△한(물건의 생김새) 물건!"이라고 말하면서 힌트를 준다.

  예) 까맣고 길쭉한 물건(마이크), 빨간색 큰 네모 모양에 주머니와 손잡이가 달린 것(가방), 흰색에 동그랗고 숫자가 써 있는 것(시계) 등.

  `tip` 아이들에게 뚜렷이 보이는 물건만 고르도록 한다.

  `인도자` 어떤 물건이 보이는지 알아맞히는 놀이를 했어요. 우리 눈으로 직접 본 것들이었지요. 오늘의 성경 이야기에서 예수님은 요한에게 환상을 보여 주셨어요. 환상이란 우리가 방금 본 물건들처럼 손에 만져지지는 않지만 깨어 있으면서 꿈 같은 것을 보는 거예요! 이 환상에서 요한은 많은 것을 보았고, 그것을 글로 썼어요. 과연 요한이 무엇을 환상으로 보았는지 오늘의 성경 이야기를 잘 들어 보세요.

주님은 영광의 빛이세요 ✱ 준비물 ▶ 낙하산(천, 상자, 큰 테이블보 등)

❶ 낙하산 안에 아이들을 들여보내고 빛이 들어가지 않게 한다.

　　tip　어둠을 무서워하는 아이가 있다면 유의한다.

❷ 몇 초를 세고 낙하산을 걷어 내면서 주님은 우리에게 영광의 빛이 되시고, 어두운 곳을 환히 밝혀 주신다고 말
해 준다.

> **인도자**　빛이 없고 어두워서 무서웠나요? 오늘은 앞으로 만날 새 성에 대해 알아볼 거예요.
> 이 성에는 성을 비춰 줄 해와 달이 필요 없어요. 하나님의 영광이 성을 밝히고 있어
> 서 성에 어둠이 없기 때문이에요. 우리가 예수님을 믿고 의지하면 우리도 언젠가 그
> 성에서 살게 될 거예요! 오늘의 성경 이야기를 들으며 이 성에 대해 좀 더 자세히 배
> 워 보아요.

예배 대형으로 모이기

- 카운트다운 영상, 모이기 노래 등을 활용해 예배 대형으로 바꾸고 마음을 준비하게 한다.
- 공간을 이동해야 한다면 '마라나타'는 '주 예수여, 오시옵소서'라는 뜻이라고 알려 주고, 하늘을 향해 "마라
  나타!"를 외치며 가도록 한다.

가스펠 설교

하나 — 들어가기

밤이 없는 세상을 상상할 수 있나요? 언제나 환한 세상은요? 오늘의 성경 이야기에서 요한은 환상으로 새 하늘과 새 땅을 보았어요. 새 하늘과 새 땅에는 해가 필요 없어요. 하나님의 영광이 아주 환하게 밝혀 주기 때문이에요.

둘 — 성경 이야기

요한계시록 21~22장을 편다. 설교 영상(지도자용 팩)을 보여 주거나 이야기 성경을 들려준다.

오늘의 성경 이야기는 성경의 맨 마지막 부분인 '요한계시록'에 나와요. 성경에 나오는 말씀은 모두 참이에요. 모두 하나님의 말씀이기 때문이에요. 우리가 성경에서 읽는 이야기를 믿을 수 있는 이유는 그 이야기가 하나님이 주신 것이기 때문이랍니다.

셋 — 메시지와 정리

더 이상 눈물과 고통이 없는 세상이 다가오고 있어요! 예수님이 다시 오셔서 모든 것을 새롭게 하실 거예요. 예수님은 곧 다시 오겠다고 약속하셨어요. **예수님이 다시 오셔서 모든 것을 새롭게 하실 거예요.**

연대표(지도자용 팩)를 가리키면서 복습 질문을 한다.

1. 요한이 환상으로 본 일은 언제 일어날까요? 예수님이 이 땅에 다시 오실 때
2. 예수님이 다시 오시면 하나님의 백성은 누구와 함께 살게 되나요? 하나님
3. 천사는 요한에게 어떤 곳을 보여 주었나요? 거룩한 성, 새 예루살렘
4. 그 성의 빛은 무엇인가요? 하나님의 영광
5. 누가 곧 오시나요? 예수님
6. 이 모든 일을 이루실 분은 누구이신가요? 예수님

넷 — 성경의 초점

3단원 '성경의 초점'을 한 번 더 말해 줄게요. 꼭 기억하세요. **"예수님이 다시 오시면**

어떤 일이 일어나나요?", "예수님이 모든 것을 새롭게 하실 거예요." 새 하늘과 새 땅이 시작될 거예요. 하나님이 모든 눈물을 닦으실 것이고, 죽음과 고통은 모두 사라질 거예요! 예수님은 다시 오셔서 모든 것을 새롭게 하겠다고 약속하셨어요. 예수님은 언제나 약속을 지키시는 분이에요.

다섯 — 복음 초청

성경과 106쪽 복음 초청 가이드를 이용해서 아이들에게 그리스도인이 되는 법을 설명해 준다. 따로 상담해 줄 사람을 정해 주고 궁금한 점이 있으면 물어보도록 격려한다.

이 시간 예수님을 믿고 마음에 모시고 싶은 친구는 함께 기도해요.

여섯 — 기도

하나님, 예수님이 다시 오시면 눈물도, 죽음도, 슬픔도, 아픔도 없는 새로운 성에서 살 수 있다는 약속의 말씀을 믿어요. 예수님이 오셔서 하나님과 함께 영원히 살 수 있는 새로운 날이 빨리 오기를 기대하며 기다릴게요. 예수님의 이름으로 기도합니다. 아멘.

일곱 — 암송송

성경에서 요한계시록 21장 5절을 펴고 큰 소리로 여러 번 따라 읽게 한다.

3단원 암송 구절 말씀은 참이에요. **예수님이 다시 오셔서 모든 것을 새롭게 하실 거예요.** 예수님은 다시 오겠다고 약속하셨어요. 주 예수여, 오시옵소서!

암송송(168쪽)에 맞추어 손유희를 하며 말씀을 익힌다

"보좌에 앉으신 이가 이르시되 보라 내가 만물을 새롭게 하노라 하시고 또 이르시되 이 말은 신실하고 참되니 기록하라 하시고"(계 21 : 5).

가스펠
소그룹

모든 것이 새로워져요!

준비물 ▶ 유치부 교재 30쪽, 색연필

이야기 나누기
- 요한은 무엇을 보았나요?
- 예수님이 다시 오시면 이 세상이 어떻게 새로워
  질까요?

❶ 예수님이 다시 오시면 모든 것을 새롭게 하실 것이라고 말한다.

❷ 그림을 살펴보고 어떤 모습인지 이야기를 나누어 본다.

예) 도입 : 요한은 자기가 본 환상을 요한계시록에 썼어요.

- "나는 새 하늘과 새 땅을 보았습니다. 이전의 하늘과 이전의 땅이 사라지고, 바다도 없어졌습니다. 나는 또 거룩한 도성 새 예루살렘이, 하나님께로부터 하늘에서 내려오는 것을 보았습니다"(계 21:1~2 참조).

- "하나님이 그들과 함께 계실 것이요, 그들은 하나님의 백성이 될 것입니다. 하나님이 그들의 눈에서 모든 눈물을 닦아 주실 것입니다. 다시는 죽음이 없고, 슬픔도 울부짖음도 없을 것입니다"(계 21:3~4 참조).

- "다시는 아픈 것이 없을 것입니다"(계 21:4 참조).

- "그 성은 해나 달이 빛을 비출 필요가 없습니다. 하나님의 영광이 그 성을 밝혀 주기 때문입니다. 또한 밤이 없으므로, 온종일 성문을 닫지 않을 것입니다"(계 21:23, 25 참조).

- "다시는 밤이 없겠고, 주 하나님이 그들을 비추시므로 등불이나 햇빛이 필요하지 않을 것입니다"(계 22:5 참조).

❸ 요한계시록 21~22장 말씀을 따라 새 하늘과 새 땅에서 누리는 변화된 모습을 알맞게 선으로 연결해 볼 수 있도록 지도한다.

인도자 새 하늘과 새 땅에서 사는 것이 어떤 모습일지 상상이 되나요? 이 세상에서 사람들은 다쳐서 아프거나, 병에 걸려 죽기도 하고, 슬픈 일 때문에 눈물을 흘리기도 해요. 하지만 예수님이 다시 오시면 아픔과 죽음과 슬픔 같은 모든 고통이 사라져요! 모든 것이 새롭게 되는 거예요! 저는 그날이 정말 기다려져요! 여러분도 그렇지요? **예**

수님이 다시 오셔서 모든 것을 새롭게 하실 거예요. 그때가 되면 우리는 거룩한 성에서 하나님과 함께 살며 영원히 예수님을 찬양할 거예요. 하나님의 영광으로 빛나는 그 성에서 기쁨으로 살아갈 거예요.

기쁨의 소식을 전해요 ✱

❶ 아이들을 서로 마주보고 둥글게 앉히고 '마라나타'는 '주 예수여, 오시옵소서'라는 뜻이라고 알려 준다.

❷ 아이들 중 한 명에게 응원 수술을 주고, 인도자가 기쁨의 찬양을 틀면 옆 사람에게 응원 수술을 흔들면서 전하고 "예수님이 다시 오실 거야!"라고 외치면 된다는 게임의 규칙을 설명해 준다.

❸ 모든 아이에게 응원 수술이 전달될 때까지 활동을 계속한다.

❹ 마지막 아이에게 응원 수술이 전달되면 다 같이 큰 소리로 "마라나타"를 외치면서 활동을 마무리한다.

> **인도자** 요한은 환상으로 하늘나라를 보고 글로 썼어요. 이제 우리는 요한계시록을 통해 요한의 환상에 대해 읽어요. 우리는 예수님의 말씀을 친구와 가족에게 기쁨으로 전할 수 있어요. 함께 연습해 볼까요? **예수님이 다시 오시면 어떤 일이 일어나나요? 예수님이 모든 것을 새롭게 하실 거예요.**

새 성을 꾸며요 ✱

❶ 다양한 색깔의 반짝이 종이를 직사각형, 정사각형, 삼각형 모양으로 작게 잘라 둔다.

❷ 아이들에게 파란색 도화지를 한 장씩 나누어 준 후 ❶을 풀로 붙이고 보석 스티커를 붙여 새 성을 아름답게 꾸며 보라고 한다.

> **인도자** 정말 아름다운 성을 만들었군요! 요한의 환상에서 요한은 새 예루살렘이 하늘에서 내려오는 모습을 보았어요. 그 성벽의 주춧돌은 각종 보석으로 장식되어 있었어요. 예수님은 곧 다시 오겠다고 약속하셨어요. 예수님이 다시 오실 때 그분을 믿는 사람들은 영원히 예수님과 함께할 거예요. 하나님이 죄 때문에 생긴 모든 나쁜 것을 되돌리실 거예요. 죽음과 고통, 눈물이 다 사라질 거예요! **예수님이 다시 오셔서 모든 것을 새롭게 하실 거예요.**

절대음감 "마라나타"를 외쳐요 ✳

❶ 아이들을 서로 마주보고 둥글게 앉힌다.

❷ 아이들에게 '마라나타'는 '주 예수여, 오시옵소서'라는 뜻이라고 알려 주고 여러 번 말해 보게 한다.

❸ 절대음감 게임 규칙을 설명하고 시범을 보인다. 첫 음절부터 차례로 강세를 주어 말하는 게임이다. 시작하는 아이가 첫 음절에 강세를 주어 말하면 다음 아이가 두 번째 음절에 강세를 주어 말하고, 그다음 아이는 세 번째 음절에, 그다음은 네 번째 음절에 강세를 주어 말하게 한다.
예) 마라나타 → 마라나타 → 마라나타 → 마라나타

❹ 익숙해질 때까지 여러 번 반복하고 다 함께 "주 예수여, 오시옵소서"라고 외치며 게임을 마무리한다.

> **인도자** **예수님이 다시 오셔서 모든 것을 새롭게 하실 거예요.** 새 하늘과 새 땅에서 사는 것이 어떤 모습일지 상상이 되나요? 요한은 환상으로 수많은 사람이 하나님을 찬양하는 모습을 보았어요. 우리는 지금 이 땅에서 예수님을 찬양하지만 언젠가 그때가 되면 거룩한 성에서 하나님과 함께 살며 영원히 예수님을 찬양할 거예요.

소곤소곤 꿀~꺽 😊 간식

준비물 ▶ 다양한 색의 젤리, 접시

❶ 카운트다운 영상, 정리하기 노래 등을 활용해 활동이 끝났음을 알린다. 아이들에게 주변을 정리하게 하고, 화장실에 가거나 물티슈 등을 이용해 손을 씻을 시간을 준다.

❷ 감사 기도를 드리고 다양한 색의 젤리를 간식으로 나누어 준다. 젤리의 알록달록한 색깔이 마치 보석 같다고 이야기하고, 그러고 보니 요한이 환상에서 본 성벽에는 보석이 많았다는 사실이 생각난다고 말한다. 아주 아름다운 도시이지만, 그 성의 가장 좋은 점은 예수님이 계신다는 사실이라고 이야기한다. 아이들에게 예수님은 언제나 약속을 지키시는 분이며, 그래서 우리는 예수님이 다시 오셔서 모든 것을 새롭게 하실 것을 믿고 의지할 수 있다고 말한다.

❸ 간식을 먹은 후 마무리 정리를 잘하도록 지도한다.

마무리

오순도순

준비물 ▶ 유치부 교재 43쪽 메시지 카드, 소그룹 활동지, 파일

❶ 이번 주 메시지 카드로 부모님과 함께 오늘 배운 성경 이야기를 나누어 보라고 한다.

가족과 활동해요

- 어두운 밤에 가족과 함께 밖에 나가 앉아 보세요. 어두움이 없는 새 하늘과 새 땅을 상상해 보세요.
- 쾌유를 비는 카드를 만들어 병원에 전달해 보세요. 새 땅에는 아픔이나 죽음이 없을 것이라고 아이들에게 말해 주세요.

❷ 나만의 기록장에 기록할 내용을 소개하고, 소그룹 활동지를 떼어 파일에 끼운 뒤 가방에 정리하게 한다.

❸ 아이들을 위해 기도한다.

인도자 사랑의 하나님, 요한에게 슬픔도, 아픔도, 죽음도 없는 아름다운 성을 보여 주셔서 감사해요. 예수님을 믿는 사람은 예수님이 다시 오시면 하나님과 함께 영원히 그 성에서 살아가요. 생각만 해도 정말 기뻐요. 그날을 기다리면서 더욱 열심히 예수님을 전하며 살래요! 예수님, 빨리 오셔서 우리를 만나 주세요. 정말 만나고 싶은 예수님의 이름으로 기도합니다. 아멘.

❹ 아이를 데리러 온 부모에게 아이가 특별히 즐거워했거나 잘했던 활동들에 대해 이야기해 주고, 가정에서 성경 읽기와 가족 활동을 진행할 수 있도록 격려한다.

나만의 기록장

새로운 성에서 예수님을 찬양하는 친구와 내 모습 그리기

빌립보서 1:21

원곡 : 사랑의 하나님 귀하신 이름은(새찬송가 566장)

작곡 : J. S. 바흐
편곡 : 김효정

보통으로

디모데후서 3:16

원곡 : 좋으신 하나님

작곡 : 미상
편곡 : 김효정

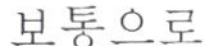

보통으로

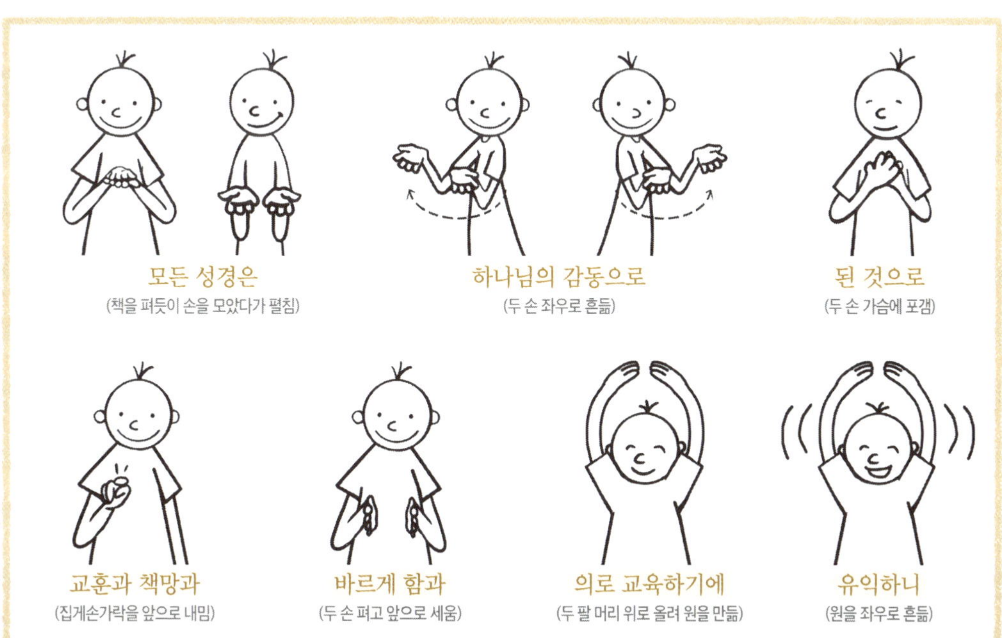

요한계시록 21:5

원곡 : 꼬마 벌(외국 곡)

작곡 : W. A. 모차르트
편곡 : 김효정

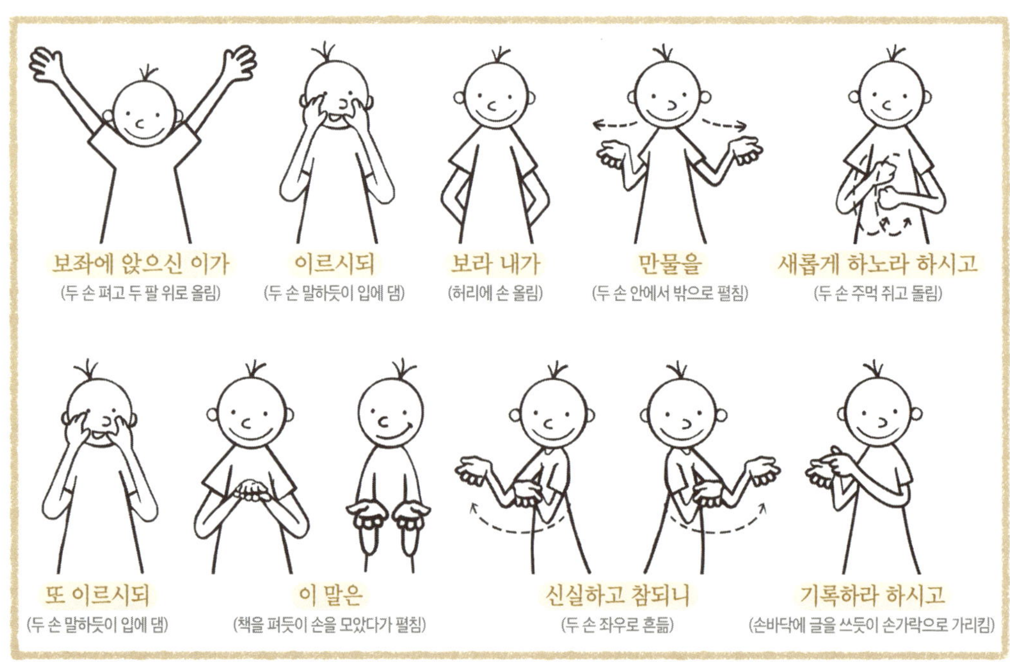

접는 선
자르는 선

뱀처럼 기어요
말처럼 달려요
원숭이처럼 올라가요
코끼리처럼 걸어요
개구리처럼 뛰어요
독수리처럼 날갯짓을 해요

바울   군인   바울의 조카   사람들

| 군인 | 바울의 조카 | 말 |

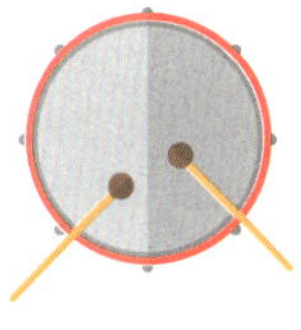

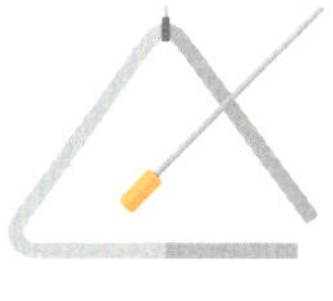

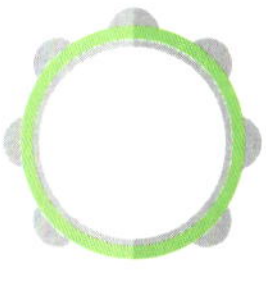

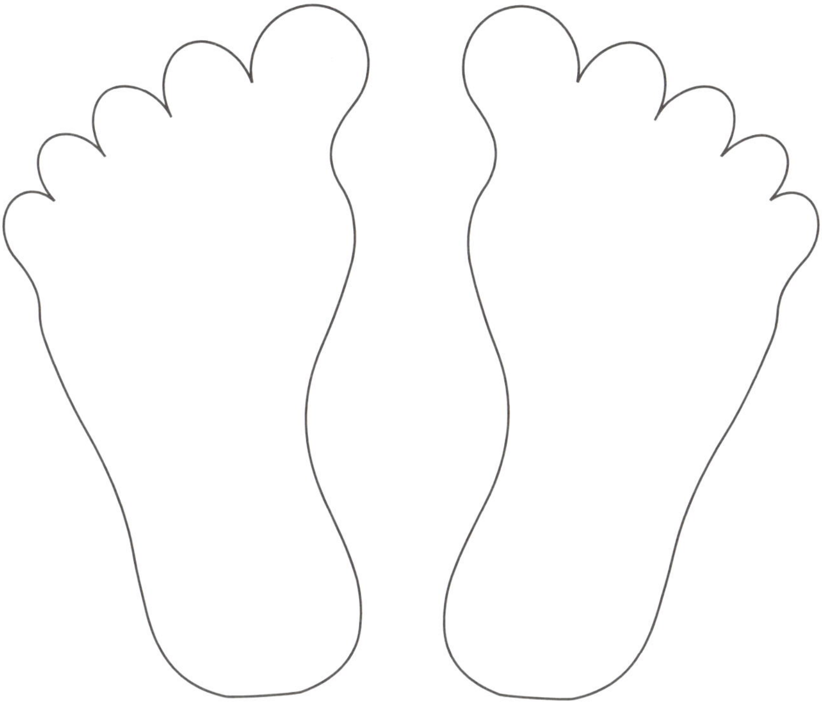

"바울은 어려움을 만난 그리스도인들에게
힘을 내라고 했어요."

어린이 보호
정지
STOP
주차금지
위 험
DANGER
일방통행
진입금지
천천히
SLOW

한눈에 보는 가스펠 프로젝트 연대표

1권	2권	3권	4권	5권	6권
위대한 복음	**비유와 기적**	**십자가와 부활**	**복음으로 세워진 교회**	**하나님의 편지**	**다시 오실 그리스도**
복음서	복음서	복음서, 행	행	서신서	행, 서신서, 계

1단원

성자 하나님	비유로 말씀하신 예수님	순종하신 예수님	능력을 주시는 성령님	인도하시는 하나님	하나님의 계획
1. 아브라함부터 예수님까지	1. 씨 뿌리는 농부 비유	1. 마리아가 예수님께 향유를 부었어요	1. 약속하신 성령님이 오셨어요	1. 바울이 베드로의 행동을 나무랐어요	1. 사람들이 바울을 막으려 했어요
2. 마리아가 하나님을 찬양했어요	2. 용서할 줄 모르는 종 비유	2. 예수님이 성전을 깨끗하게 하셨어요	2. 걷지 못하는 사람이 걷게 되었어요.	2. 교회가 나뉘었어요	2. 바울이 통치자들 앞에 섰어요
3. 예수님이 태어나셨어요	3. 선한 사마리아인 비유	3. 예수님이 제자들과 마지막 만찬을 하셨어요	3. 스데반이 예수님을 전했어요	3. 교회 안에 차별이 생겼어요	3. 바울이 로마에 가게 되었어요
4. 예수님이 성전에 계셨어요	4. 3가지 비유	4. 예수님이 잡혀가셨어요	4. 에티오피아 관리가 예수님을 믿었어요	4. 서로 사랑하라	4. 바울이 감옥에서도 하나님을 찬양했어요
5. 예수님이 세례를 받으셨어요	5. 바리새인과 세리 비유		5. 베드로와 고넬료가 만났어요	5. 교회 지도자들에게 편지를 보냈어요	5. 바울이 예수님에 관해 일깨워 주었어요
6. 예수님이 시험을 이기셨어요	6. 악한 소작인 비유				

2단원

우리와 함께 계시는 하나님	기적을 행하신 예수님	구원자 예수님	보내시는 하나님	변화시키시는 하나님	소망을 주시는 하나님
7. 니고데모가 예수님을 찾아왔어요	7. 예수님이 물로 포도주를 만드셨어요	5. 예수님이 십자가에서 죽으셨어요	6. 바울이 회개하고 세례를 받았어요	6. 우리는 하나님의 자녀예요	6. 바울이 빌레몬에게 편지를 보냈어요
8. 세례 요한이 예수님에 관해 말했어요	8. 예수님이 하늘의 떡을 주셨어요	6. 예수님이 부활하셨어요	7. 바울의 첫 번째 전도 여행	7. 마음을 새롭게 해 변화를 받아요	7. 바울이 소망을 전했어요
9. 예수님이 사마리아 여인을 만나셨어요	9. 예수님이 물 위를 걸으셨어요	7. 예수님이 엠마오로 가는 제자들을 만나셨어요	8. 오직 그리스도	8. 성령의 열매를 맺어요	8. 유다가 믿음을 지키라고 말했어요
10. 예수님이 고향에서 거절당하셨어요			9. 바울의 두 번째 전도 여행	9. 하나님의 전신 갑주를 입어요	9. 베드로가 주님의 날을 기다리라고 했어요
11. 예수님이 삭개오를 만나셨어요			10. 바울이 아테네에서 복음을 전했어요	10. 기쁘게 주어요	
			11. 바울의 세 번째 전도 여행	11. 믿음의 사람들	

3단원

고치시는 예수님	부활하신 왕, 예수님	※ 절기 교재	만물을 새롭게 하시는 하나님
10. 예수님이 중풍 병자를 고치셨어요	8. 예수님이 제자들에게 나타나셨어요		10. 요한이 환상을 보았어요
11. 예수님이 귀신 들린 사람을 고치셨어요	9. 예수님이 도마에게 나타나셨어요		11. 일곱 교회를 향해 경고하셨어요
12. 예수님이 여인을 고치시고 소녀를 살리셨어요	10. 예수님이 베드로에게 나타나셨어요		12. 어린양께 경배해요
13. 예수님이 나사로를 살리셨어요	11. 예수님이 지상 명령을 주셨어요		13. 마라나타! 예수님, 어서 오세요!
	12. 예수님이 승천하셨어요		
	13. 예수님을 보내신 하나님을 찬양해요		

부활절

1. 왕이신 예수님이 나귀를 타셨어요
2. 예수님이 부활하셨어요

성탄절

1. 왕을 기다려요
2. 천사가 마리아와 요셉에게 나타났어요
3. 예수님이 태어나셨어요.
4. 동방박사들이 왕을 찾아갔어요

신약6 성경의 초점과 주제

1단원 하나님의 계획

Q 우리는 언제 예수님을 전해야 하나요?
A 언제나 어디서나 예수님을 전해야 해요.

1. 하나님은 바울이 예수님을 계속 전할 수 있도록 지켜 주셨어요.
2. 바울은 총독들과 왕 앞에서 예수님을 전했어요.
3. 배가 부서지는 풍랑을 만났지만 하나님이 바울을 지키셨어요.
4. 바울은 빌립보 성도들에게 어려움 속에서도 기뻐하라고 했어요.
5. 바울은 예수님이 가장 중요한 분이시라고 말했어요.

2단원 소망을 주시는 하나님

Q 우리는 다시 오실 예수님을 기다리며 어떻게 살아야 하나요?
A 진리를 기억하고, 믿음을 더욱 굳게 하며, 복음을 전해야 해요.

6. 바울은 빌레몬에게 그의 종 오네시모를 용서하고 형제로 대해 달라고 부탁했어요.
7. 바울은 어려움을 만난 그리스도인들에게 힘을 내라고 했어요.
8. 유다는 그리스도인들에게 거짓에 속지 말고 진리를 기억하라고 했어요.
9. 베드로는 다시 오실 예수님을 기다리며 복음을 전하라고 했어요.

3단원 만물을 새롭게 하시는 하나님

Q 예수님이 다시 오시면 어떤 일이 일어나나요?
A 예수님이 모든 것을 새롭게 하실 거예요.

10. 예수님이 환상으로 요한에게 나타나셨어요.
11. 예수님은 일곱 교회를 향해 믿음 안에서 굳게 서라고 말씀하셨어요.
12. 하늘과 땅의 모든 사람과 피조물이 예수님을 경배할 거예요.
13. 예수님이 다시 오셔서 모든 것을 새롭게 하실 거예요.